Magic
Library

Magic Library
마법서재

권한걸

저자의 말

우리나라의 게임 이미지는 '스타크래프트'라는 국민 게임으로 시작하여 엄청난 발전을 이어가고 있다. 하지만 세간의 인식은 여전히 차갑다. 게임은 건설적이지 못하고 시간만 낭비하는 취미라는 시선이 여전히 존재하고 있기 때문이다. 매체에서는 사회악이라 칭하며 마약과 동일한 취급을 하는 것이 현실이다.

1차원적인 부분만 강조했던 초기의 게임들은 단순한 즐거움을 위해 존재했다. 하지만 최근의 게임들은 그래픽, 음향, 비주얼 등 종합예술로 자리 잡고 있다. 게임은 뛰어난 그래픽으로 비주얼의 즐거움을 선사하고 배경에 어울리는 음악을 넣어 생동감을 불어넣으며, 그 세계를 직접 플레이 할 수 있는 체험적 부분까지 가능하다. 모든 예술 장르를 포함하고 있는 것이다.

분명 게임에는 명암이 존재한다. 게임을 하다가 사망한 사건도 있고, 게임 때문에 가족을 소홀히 한 사람들도 가끔 뉴스에 등장한다. 하지만 이것은 게임뿐 아니라 다른 것으로 치환해도 결과는 똑같이 나올 수 있기에, 그저 게임에 대한 부정적 인식을 퍼트리기 위한 일종의 전략일 것이라는 의문을 지울 수 없다. 지나치게 중독된 사람이 문제이지 게임 자체는 문제가 될 수는 없는 것 아닌가.

게임의 사전적 의미에는 놀이가 있다. 세월의 흐름에 따라 놀이의 방법과 도구는 계속해서 변화하고 발전했다. 어린 시절에 친구들과 놀이터에서 놀거나 운동장을 뛰어다녔던 기억이 별로 없다. 학교와 학원을 성실하게 다니며 책임을 다한다는 조건으로 부모님과 타협했다. 청소년 시절에는 친구들과 온라인 게임에서 만났다. 사실 시간과 공간의 가성비로 게임은 어떤 놀이로도 따라올 대상이 없다. 게임을 좋아하는 단순한 유저로서가 아닌 문헌정보학을 전공한 사서로서 게임에 처음 입문하는 사람들에게, 보다 다양한 게임의 정보를 필요로 하는 사람들에게 길을 안내해주고자 정리의 개념으로 출간하게 되었다.

게임의 레벨은 그래픽, 스토리, 연출, 음악, 난이도의 기준은 출시 년도에 맞는 그래픽 기술력으로 등장했는가, 게임에 몰입감을 줄 수 있는 스토리인가, 게임을 즐길 수 있는 화면으로 구성 되었는가, 게임의 분위기와 음악은 잘 어울리는가, 난이도는 얼마나 쉽게 접근할 수 있는가로 정했다. 이러한 기준은 지극히 주관적인 나의 견해임을 밝힌다.

2023년 여름, 권한결

010	디비니티 : 오리지널 씬 2
014	데스 스트랜딩
018	폴 아웃 : 뉴베가스
022	창세기전 3
026	악튜러스
030	위쳐 3 : 와일드헌트
034	13기병 방위권
038	라이브러리 오브 루이나
042	다키스트 던전
046	레드 데드 리셈션 2
052	엘든링
056	다크 소울
060	인왕 2
064	블러드 본
068	와룡 폴른 다이너스티
072	바이오쇼크
076	천수의 사쿠나히메
080	사이버 펑크 2077
084	디트로이트 : 비컴 휴먼
088	발할라 사이버펑크 바텐더 액션
094	몬스터 헌터 월드
098	데빌 메이 크라이 5
102	하프라이프 2
106	갓 오브 워 : 라그나로크
110	디아블로 3 : 영혼의 수확자
114	파이널 판타지 15
118	디스 워 오브 마인
122	블루 아카이브
126	오브라딘 호의 귀환
130	니어 : 오토마타

- 136 데드 스페이스 : 리마스터
- 140 호라이즌 제로 던
- 144 용과 같이 제로
- 148 둠 : 이터널
- 152 투 더 문
- 156 언더테일
- 160 페르소나 4 : 골든
- 164 라스트 오브 어스 : 리마스터
- 168 그랜드 테프트 오토 5
- 172 메트로 2033
- 178 젤다의 전설 : 야생의 숨결
- 182 DEVOTION : 환원
- 186 인사이드
- 190 바이오쇼크 : 인피니트
- 194 포탈 2
- 198 스탠리 패러블
- 202 림보
- 206 역전재판
- 210 슈퍼마리오 오디세이
- 214 컬트 오브 더 램
- 220 할로우 나이트
- 224 소녀전선
- 228 스타듀밸리
- 232 하프라이프-알릭스
- 236 타이탄 폴 2
- 240 명일방주
- 244 아웃라스트
- 248 더 포레스트
- 252 데이브 더 다이버
- 256 리틀 나이트메어

Games are art, design, and science.
게임은 놀이이며, 혁신이고, 창의적인 사고와 소통의 수단이다.
- William spaniel
(게임이론 101 : 완벽한 교과서 저자)

1.
디비니티 : 오리지널 씬 2

벨기에 | 라리안스튜디오 | 2018

-15세 이상 이용가

그래픽*** 스토리**** 연출*** 음악*** 난이도*****

_감상평

노예 목걸이를 착용한 채 노예선에서 깨어나는 주인공. 그는 마법을 사용하는 도마뱀, 죽음에서 자유로운 언데드, 오만한 엘프, 인간 마법사와 전사 중 하나로 본인이 원하는 방향으로 진행할 수 있게 된다.

주인공은 배 위에서 자신과 함께 할 동료를 모아 노예선에서 탈출을 시도한다. 노예를 관리하는 성에 도착한 주인공 일행은 자신들이 사용할 수 있는 능력과 힘을 이용하여 성의 관리자들을 처리한 후 도망을 감행한다.

여러 일련의 사건을 겪으며 노예 목걸이도 떼버리고 대륙의 여러 곳을 모험하는 게임이다.

게임보다는 한 편의 대서사시를 본다는 느낌으로 접근하면 좋은 작품이다. 게임 내에 존재하는 텍스트량이 다른 게임과는 비교할 수 없을 정도로 많다. 하나의 스토리를 진행하는 것만으로도 하루가 다 갈 정도로 방대한 세계관을 자랑한다. 그러한 스토리가 필드마다 산재해 있으므로 최고의 스토리 게임으로 손색이 없다

상호작용은 스토리 뿐만 아니라 전투에서도 보여준다. 물건을 다른 곳으로 이동시켜 적을 깔아 뭉개버리던가 물웅덩이를 만들고 번개를 내려쳐 적을 감전시키는 등 현실에서 일어나는 자연의 상호작용을 직접 할 수 있다는 장점 또한 크다.

TIP
게임보다는 한 권의 책을 읽는다는 느낌 때문에 게임의 템포는 굉장히 느리다. 그래서 이런 장대한 서사 게임에 흥미를 느끼지 못한다면 입문 자체가 불가능하다.

2.
데스 스트랜딩

일본 | 코지마프로덕션 | 2019

-청소년 이용불가

● 그래픽***** 스토리***** 연출*** 음악*** 난이도*

_감상평

어느 날을 기점으로 갑자기 세계에 괴현상이 발생해 인간들은 고립된다. 자연스럽게 다른 인간과의 만남을 거부하고 사회 형성도 이뤄지지 않아 그에 따른 출산율이 급격히 떨어진다. 결국 인류는 점점 멸망의 길을 걷게 되는 것이 배경 세계관이다.

인간은 고립되었지만 삶을 영위해야 했기에 인간 배달부가 등장한다. BB라는 귀신을 감지하는 아기와 함께 멸망해 가는 인류사를 지켜보며 인간들에게 물건을 배달해 주는 게임이다.

코지마 히데오의 명작 중 하나. 실제 플레이도 화려한 전투 씬이나 멋진 동료도 없이 오로지 바이오 액에 담긴 아기를 데리고 다니면서 세계를 떠도는, 담백하다 못해 퍽퍽한 영화에 가까운 구성의 게임이다.

데스 스트랜딩의 멸망을 향해가는 세계관에서 강조하는 것이 있는데 그것은 바로 인류애. 게임 내의 NPC들은 서로 단절된

다른 세계에 존재하지만, 그냥은 걸어갈 수 없는 산에 거대한 다리를 건설하고 올라갈 수 없는 벽에 사다리를 지어서 올라가는 등 서로에게 도움을 줄 수 있다. 멸망하는 세계관에 필요한 것은 인류의 절대적인 신뢰감이라는 것을 표현하는 코지마의 철학이 느껴지는 구성이다.

TIP

전반적으로 느린 호흡에 스토리 텔링도 디렉터의 철학이 과다하게 담겨 있어 논지 파악이 힘들고 몰입하기 힘들다. 이후 내용을 다시 찾아봐야 할 수도 있다.

3.
폴아웃:뉴 베가스

미국 | 옵시디언엔터테인먼트 | 2010

-청소년 이용불가

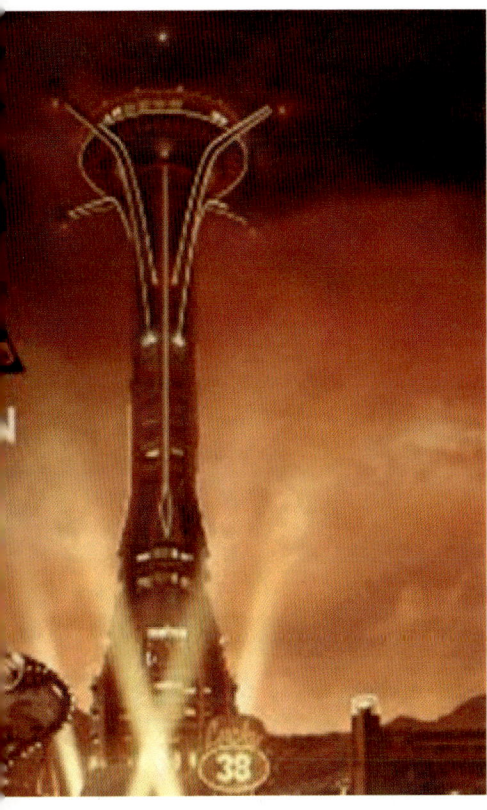

그래픽** 스토리**** 연출*** 음악*** 난이도***

_감상평

주인공인 배달부는 한 카지노에 플래티넘 칩을 배달하라는 명을 받는다. 그는 뉴 베가스에 도착하지만, 자신이 뉴 베가스의 일원이라는 신원미상의 누군가가 '플래티넘 칩의 내용 때문에 너는 죽는 것이다'라는 말을 하며 총을 발사하고 주인공은 죽게 된다.

하지만 영문을 알 수 없는 기술로 인해 되살아나고, 배달을 완료해야 하는 주인공은 플래티넘 칩의 소재지를 계속해서 찾아다닌다. 뉴 캘리포니아 공화국, 카이사르의 군단, 미스터 하우스 등 여러 소속에 자신의 실력을 휘날리며 뉴 베가스를 여행하는 게임이다

 쓸데없이 벌레의 표현이 리얼하다고 욕먹는 게임이다. 하지만 그러한 세밀한 표현이 핵폭탄이 터져서 더 이상 인류가 소생할 수 없는 세기말의 감성을 풍부하게 살렸다는 평가를 받고 있고, 위에 적어놓은 세력들 또한 이해만 맞으면 바로 자신

의 산하에 두는 등 인류의 마지막이 어느 정도까지 추락할 수 있는지 보여준다.

여러 NPC들 또한 각자만의 사연이 있으며 핵폭탄이 터진 세계관에서 과거에 잃어버린 사람을 찾는다던가, 잃어버린 물건을 찾는다던가 등 여러 임무를 수행하며 세기말의 감성을 그대로 느낄 수 있는 시대의 명작 게임이다.

TIP
핵폭탄이 터져 상상할 수 없는 엄청난 벌레와 짐승들이 비대해져서 굉장히 험오스럽다. 벌레를 못 보는 사람이면 입문 자체가 불가능하다.

4.
창세기전 3

대한민국 | 소프트맥스 | 1999

- 심의 없음

그래픽** 스토리***** 연출*** 음악**** 난이도***

_감상평

이야기는 사막 제국 투르 왕국에서 시작된다. 팬드래건의 왕자이자 형제인 주인공 존과 동생 필립은 포로로 잡혀 온갖 고난을 겪는다. 기회를 봐서 탈옥하려 했지만, 중간에 큰 사고가 발생해 존과 필립이 생이별을 하게 되면서 게임은 시작된다.

형인 존은 트루 제국에서 탈출하지 못한 채 살라딘이라는 이름으로 개명하여 트루에 몸 담게 된다. 동생인 필립은 감옥에서 도망쳐 고향인 팬드래건으로 돌아간다. 그리고 자신과 형을 망친 트루를 모두 없애버리기 위해 왕권을 계승해 버몬트 대공으로 올라선다.

형을 죽인 트루에 복수하겠다는 일념뿐인 버몬트 대공은 자신에게 반대하는 귀족들을 전부 숙청한 뒤, 트루 제국을 향해 원정을 떠난다. 일련의 사건에 의해 구심점이 없어진 트루는 속수무책으로 버몬트 군세에 밀리게 되고, 심장부까지 점거당하며 궤멸적인 피해를 입는다.

생이별했던 두 형제는 동생인 버몬트가 형의 약혼녀까지 죽인 후에 서로를 알아보게 된다. 복수를 위해 살아왔던 버몬트는 형의 인생을 파괴했다는 자책감에 정신 붕괴를 일으키고, 형 살라딘은 자신의 약혼녀를 안은 채 사막을 정처 없이 떠돌게 된다.

일련의 사건이 마무리된 후 세계는 종말을 맞이하고 주인공 일행은 미래로 나아가는 비공정 라이트블링거에 몸을 맡긴 채 다른 세계로 날아간다.

TIP

하나의 이야기를 여러 관점으로 진행되는 것이 특징이다. 인물마다 입체적인 구성이 눈에 띈다. 생이별 한 형제의 모습과 두 사람이 과거를 어떻게 받아들이는지, 이후 각자 관점이 어떻게 바뀌는지 지켜보는 것도 흥미진진하다.

5.
악튜러스

대한민국 | 손노리 | 2000

-전체 이용가

그래픽*** 스토리*** 연출**** 음악*** 난이도***

_감상평

상위세계의 존재자들은 온갖 전쟁과 다툼으로 황폐화된 가상 세계(악튜러스세계)를 리셋하기 위해 과거 고대인들의 시대에 사도들을 보낸다. 하지만 일부 고대인은 고대인의 방주로 피신하였고 남은 일부는 지상에서 악신을 소환해 가까스로 인류의 절멸을 막는다.

리셋된 줄 알았던 인간들은 소수 살아남았고 지금의 문명까지 이어오게 되었다. 그러나 고대인의 방주와 함께 어디선가 존재하고 있는 엘리자베스 엔진(이현기)은 가상 세계에 더 적극적으로 개입하기 위해 엘리자베스라는 클론을 만들어 기계가 아닌 인간으로서 활동한다. 그러던 중 6인 위원회를 만나게 되고, 6명 중 자신과 비슷하게 하위세계를 창조한 적이 있는 괴노인과 의기투합해 세계 종말 및 새로운 144,000명의 선별을 위한 계획을 실행한다.

악튜러스는 A4 2만 장으로 구성된 스토리를 캐치프레이즈로

내세운 철저한 스토리형 게임이다. 게임성 자체는 뛰어나지 않지만 귀여운 그림체에서 나오는 친근감에 반해 잔혹동화와 같은 연출로 인하여 오는 괴리감 등 국산 게임에서 시도해보지 않은 파격적 모습으로 사람들에게 어필하였다.

국내에서 인기가 많은 작품이었지만, 막지 못한 불법 다운로드로 인해 그 빛을 발해버린 비운의 작품이다.

TIP

기독교 교리에 기반을 둔 스토리여서 해당 종교를 가진 사람은 일부 내용에서 불쾌할 수 있다. 또한 게임 자체가 불친절하여 진행이 어려울 수 있다.

6.
위쳐3 : 와일드헌트

폴란드 | CD프로젝트 | 2015

-청소년 이용불가

그래픽**** 스토리***** 연출**** 음악***** 난이도***

_감상평

위쳐의 세계관은 인간과 엘프, 괴물이 살아가는 세계로 그 괴물을 사냥하는 자들을 위쳐라고 칭한다. 그 위쳐의 역할을 하는 주인공인 게롤트도 첫 괴물을 사냥하면서 등장한다. 다만 게롤트의 목적은 자신이 과거에 잃어버렸던 연인, 검은 마법사 예니퍼를 찾기 위해서다.

가까스로 예니퍼와 조우한 게롤트. 그의 진짜 목적은 고향에서 수련 중 와일드헌트에게 납치당한 양딸 시리를 구하기 위해 예니퍼를 찾아다닌 것이다. 두 사람은 시리를 찾으러 동분서주하지만 일련의 사건으로 예니퍼와 멀어지게 되고, 다시 홀로 시리를 찾아 나선다.

그 사이 과거에 알고 지냈던 여인 트리스를 만나 함께 시리를 찾으러 떠난다. 여러 사건을 겪다 겨우 시리를 찾게 되지만 와일드헌트의 수장을 죽이지 않는 이상 시리는 그들의 손아귀에서 벗어날 수 없다는 것을 알게 된다. 게롤트는 시리를 구하기 위해 와일드헌트의 수장을 직접 죽이러 여정을 떠난다.

위쳐3:와일드헌트는 판타지 세계를 멋지게 녹여냈으며, '미지의 괴물을 사냥한다'라는 감성 또한 살리면서 모두에게 좋은 평가를 받았다. 게임의 중심이 되는 스토리와 게임을 구성하는 각각의 인물에도 많은 서사가 담겨 있다.

TIP

게임에 잔 버그가 많기 때문에 플레이를 하는 것에 있어서 불편함이 있을 수 있음. 방대한 스토리 때문에 호흡이 느리고 중간에 끊기면 맥이 빠져 게임 도중에 그만둘 수도 있다.

7.
13기병방위권

일본 | 바닐라웨어 | 2019

-15세 이상 이용가

그래픽** 스토리**** 연출*** 음악*** 난이도*

_감상평

주인공은 고등학교의 평범한 학생의 신분이다. 가상의 일본이 배경이며, 1945년, 1985년, 2025년, 2065년, 2105년의 총 40년 주기의 5가지의 세계가 이야기의 주축이 된다. 주인공들 및 그 외 조연들 또한 5가지 시대 중 한 시대의 주민들이다.

주인공들은 이야기의 중심이 되는 기병을 타게 된다. 기병에 타기 위해선 '적합성'이라 불리는 자질을 지니고 있어야 한다. 기병의 파일럿들은 신체 부위 어딘가에 기병을 소환하고 가동시킬 수 있는 스위치를 지니고 있으며, 스위치가 가동되면 신체 부위가 파랗게 빛난다.

이 기병을 운용하는 이유는 세계에 D라는 우주 생명체들 때문이다. 기병과 마찬가지로 1945년, 1985년, 2025년의 세계에 나타나 각각의 세계에서 파괴행위를 일삼는다. 어느 세계관에서든지 주인공과 기병은 존재하고 그 외계인을 퇴치하는 역할을 한다.

D가 막을 수 없는 수준으로 몰려들자 13명의 기병은 어딘가로 가는지 모르는 텔레포트에 몸을 맡긴 채 정신을 잃는다.

13명의 고등학생이 기병에 탑승한 채 자신이 속한 세계를 지키는 스토리 라인이다. 여러 년차의 모든 스토리의 조각이 하나씩 맞춰지며 하나의 진실로 닿아가는 매력적인 내용이다.

감정 자체는 과거에 머물러있지만, 그 과거의 향수를 느낄 수 있다면 한 편의 영화를 보는 느낌으로 보면 된다.

TIP
내용의 즐거움은 있지만, 재미없는 전투를 강조하기 때문에 그 벽을 넘지 못하면 게임을 마무리할 수 없다.

8.
라이브러리 오브 루이나

대한민국 | 프로젝트문 | 2021

-청소년 이용불가

그래픽*** 스토리** 연출*** 음악***** 난이도*****

_감상평

한 남자가 도서관 내부에 들어온다. 이후 '보라눈물'의 일 처리에 대해 한탄한 뒤, 어떤 여자와 마주한다. 남자는 롤랑이라고 자신을 소개한다.

마주보고 있던 여자는 자신의 이름이 앤젤라이며 도서관의 관장이자 사서라고 소개한다. 그녀가 롤랑을 살려두기로 한 이유는 두 가지다. 첫 번째는 초대받지도 않았는데 이곳에 들어온 롤랑에 대한 분석, 두 번째는 단 하나의 절대적인 책을 만들기 위해 도시 사람인 롤랑의 필요성이라고 말한다.

자신이 무엇을 해야 하냐고 묻는 롤랑에게 초대장을 작성해 손님을 부르면, 그들을 접대하면 된다고 한다. 도서관의 초대장을 받고 온 방문객들을 맞이하고 그들의 목숨을 끊으면 도서관에 비치할 수 있는 책으로 바뀔 것이라고 알려준다.

이후 책을 얻은 다음은 어떻게 되느냐는 롤랑의 질문에 자신조

차 아직 이 도서관의 무한한 힘을 헤아릴 수 없다며 책들을 통해 도서관과 자신의 궁금증을 완성시켜 줄 단 하나의 책을 손에 넣을 것이라고 답한다.

매력적인 스토리 라인과 입체적인 주연들을 차례로 보여준다. 사람을 죽여서 만드는 책이라는 독특한 컨셉과 배경이 사람들에게 어필하였다.

전투 시스템도 진보하여 턴세에서 보여줄 수 있는 가장 훌륭한 모습을 보여주었다. 뛰어난 노래와 수려한 비주얼 등도 한 몫하였다.

TIP
게임 난이도가 어렵기 때문에 입문 자체가 쉽지 않아 스토리를 보기 힘들다.

9.
다키스트 던전

미국 | 레드훅스튜디오 | 2016

-청소년 이용불가

그래픽** 스토리* 연출*** 음악***** 난이도*****

_감상평

한 영지의 전 가주가 주인공에게 편지를 쓰는 것으로 이야기는 시작한다. 전 가주는 모든 것을 얻은 나머지 사치와 향락, 여색만을 추구하였다. 하지만 곧 싫증이 난 그는 흑마술에 심취하게 되었고 영주의 지하 유적을 천문학적 비용을 들여 파내기 시작한다.

하지만 이 지하 유적에는 인간이 범접할 수 없는 고대의 존재가 묻혀있는 곳이었다. 해당 발굴작업을 하던 광부들은 전부 미쳐서 서로를 죽이거나 도망쳐버렸다. 결국 영지의 지하 유적에는 가장 어두운 던전이 입을 벌린 채 그대로 방치되어 숨을 끊는다.

그런데 이 던전 뿐 아니라 전 가주가 해 놓은 또 다른 만행들이 영지를 덮치려고 한다. 사람을 연성하기 위해 돼지의 먹이로 주고, 보물을 위해 인어에게 사람을 공양하고, 금단의 연구를 위해 숲을 파괴하고, 영생을 위해 죽음의 연구를 하는 지하

던전 등 해결해야 할 악들 또한 많기에 모험가들을 고용해 모든 난관을 헤쳐나가려 한다.

레드훅 회사가 만들어 낸 턴제 게임의 대명사다. 꿈도 희망도 없는 세계관에서 목숨을 중시 여기지 않는 모험가들을 이끌고 전 가주가 저지른 문제를 하나하나 처리하는 것이 목적이다.

자비 없는 난이도와 더불어 모험가들의 스트레스가 극에 달하면 서로를 비난하고 죽이며 정신이 붕괴된다. 하지만 빛 한 점 없는 세계에서도 기상을 발휘하는 모험가들이 있으니, 이들과 함께 영지의 영광을 다시 되찾는 것이 게임의 목적이다.

TIP

확률로 장난치는 것이 어렵다못해 더러운 수준이기 때문에 스토리를 다 보지 못할 수 있다는 문제점이 있다. 연출도 잔인하기 때문에 그런 것에 취약하면 플레이가 힘들다.

10.
레드 데드 리뎀션 2

미국 | 락스타게임즈 | 2019

-청소년 이용불가

그래픽***** 스토리***** 연출***** 음악***** 난이도*

_감상평

미국이 아직 완전하게 정착하지 않는 시대. 갱단들과 인디언들이 숨어 지내면서 열차를 약탈하고, 사람을 죽이며 살아가는 무법지대에 주인공 아서 플렉이 있다.

더치 반 더 린드가 이끄는 반 더 린드 갱단은 포스터 그림처럼 세상을 떠돌고 있다. 더치의 갱단은 블랙워터에서 현금 수송 업무를 겸하던 페리를 털다가 일이 꼬이는 바람에 갱단의 전 재산을 블랙워터에 놓고 급하게 떠나게 된다. 그들은 핑커튼 요원들에게 쫓기는 신세가 되었고, 지금은 5월에도 눈보라가 몰아치는 북쪽의 헤이겐 산에서 어디론가 향하고 있다.

아서는 더치에게 물어볼 기회가 없었다며 블랙워터에서 보트와 관련해 무슨 일이 있었냐고 묻고 더치는 자네를 놓친 것 밖에 없다고 둘러댄다. 찰스가 준비해온 말을 타고 더치와 아서는 언덕 아래로 거친 눈보라를 뚫으며 이동한다.

방탕과 방랑의 시대, 그 한복판에 떨어지는 것으로 게임은 시작된다. 급격하게 변화하는 세계를 따라가지 못하며 도태되는 갱과 인디언들의 스토리를 보여준다. 주인공 아서는 갱의 도태를 막아보기 위해서 많은 노력을 하지만, 결국 외부와 내부 모두에서 균열이 발생하며 이야기는 극한으로 치닫게 된다.

변화를 따라가지 못하는 갱들의 말로를 느리지만 확실하게 보여준다.

그들은 서서히 몰락하고 아서 플렉 또한 힘을 다하며 결국 하나의 인간이 감당하기엔 세계의 변화를 이겨 낼 수 없다는 것을 보여주는 대 명작이다.

TIP
게임 자체가 답답한 부분이 있고 스토리에 힘을 쏟기 때문에 플레이 자체는 호불호가 있다.

Games are a playground for doing the impossible in reality.
게임은 현실에서 불가능한 일을 수행하기 위한 연습장이다.

- Albert Einstein(물리학자)

11.
엘든링

일본 | 프롬소프트웨어 | 2022

-청소년 이용불가

그래픽**** 스토리** 연출***** 음악***** 난이도*****

_감상평

황금률이라는 규칙으로 돌아가고 있던 세계. 하지만 세계의 주인이 그 황금률이라는 규칙을 깨면서 하나의 거대한 규칙이 무너지고 자신만의 이상을 가지며 왕국이 전 세계에 세워진다.

과거의 패배를 설욕하기 위해 타인의 몸을 자신에게 붙이는 왕, 마술에 취해 자신만의 세계에 빠진 왕국, 신을 죽이기 위해 자신을 거대한 뱀에게 바친 왕, 치료하지 못하는 병으로 인해 새로운 신을 만들려는 자들까지. 자신만의 이상향을 위해, 멸망을 향해 가고 있는 세계에서 발버둥 치는 것이 엘든 링의 세계관이다.

그 사이에서 플레이어인 우리는 이런 세계에서 모험하며 여러 가지 선택에 놓이게 된다. 황금률이라는 규칙을 정복하여 세계를 다시 돌려놓을 것인지, 또 다른 세계의 왕이 될지는 자신의 선택에 달려있다.
본작 시리즈였던 다크소울과는 다르게 넓은 세계를 직접 탐험할 수 있다는 점에서 어두운 판타지 세계를 개척한다라는 느낌을 주는 색다른 게임이다.

멸망해가는 세상에서 자신의 의지대로 살아가고 있는 NPC들과 그곳에 속해 다양한 사람들과 상호작용하는 재미를 느낄 수 있다.

TIP

게임 내적으로는 난이도가 최상급이다. 죽음을 반복함에 따라 흥미를 느끼지 못할 수 있고, 게임 내 스토리를 직접 이해하기 힘들어서 인터넷의 도움을 많이 받아야 할 수도 있다.

12.
다크소울

일본 | 프롬소프트웨어 | 2011

-청소년 이용불가

그래픽** 스토리**** 연출**** 음악***** 난이도*****

_감상평

세계의 불이라는 왕의 몸을 불살라 왕국의 빛을 유지하는 세계관이다. 하지만 이 불길이 사그라들며 다크링이라는 불사의 저주가 사람들에게 퍼지기 시작한다.

저주에 걸린 자는 죽고 살아나기를 반복한다. 그러다 결국 아무것도 생각할 수 없는 망자가 되어버린다. 그 망자들을 가둬둔 감옥에서 깨어나는 주인공. 어떤 이유인지는 몰라도 주인공은 생과 사를 반복해도 이성을 잃지 않는 존재다.

모험을 하던 주인공은 세계를 유지하는 두 마리의 뱀에게 예언을 듣는다.
"세계의 불에 너 자신을 태워 세계를 유지시켜야 한다."
"세계의 불꽃을 끄고, 이 망가진 순환을 끝내야한다."
그는 세계의 운명을 자신의 손에 든 채 모험을 떠난다.

엘든링 게임의 시초격 게임이자 소울라이크라는 장르를 창시

한 장본 게임이다. 계속해서 죽음을 반복하면서 유저가 성장해 가는 게임으로 유명하고, 다크 판타지 장르를 그 어떤 게임보다 잘 표현했다고 평가할 수 있다.

다른 유저와의 전투도 훌륭하게 진행할 수 있고, 여러 무기를 사용하며 자신만의 독특한 플레이로 세계를 탐험해보는 시간을 가져보는 것은 어떨까.

TIP

엘든링과 마찬가지로 게임 내적으로 난이도가 높다. 죽음을 반복함에 따라 흥미를 느끼지 못할 수 있고, 게임 내 스토리를 직접 알기 힘들어서 인터넷의 도움을 많이 받아야 한다.

13.
인왕 2

일본 | 팀닌자 | 2020

-청소년 이용불가

그래픽** 스토리* 연출*** 음악*** 난이도*****

_감상평

스토리의 시작 시점은 1556년부터지만, 1556년부터 1616년까지의 전국시대의 절정기에서부터 종말까지 알리는 60년의 긴 역사를 다룬다. 오니라 불리는 도깨비가 사는 전란의 시대, 오니의 피가 일부 존재하는 주인공이 시골의 외딴 집에서 눈을 뜬다.

소란이 난 곳으로 몸을 옮기다 오니를 만난 주인공. 오니의 습격을 맨손으로 상대하다 죽음을 맞이한다. 그리고 꿈의 세계에 들어간다. 그곳에서 신비한 오니 여인을 만나게 되는데, 오타케마루라는 거대한 오니가 세계를 멸망시키려고 하니 그대는 그것을 막아야 하는 사명이 있다며 주인공을 인도한다. 주인공은 혹독한 시련을 겪으며 여러 무장들을 만나게 되고 결국 세계를 구한다는 내용이다.

보다 '접근성은 좋게, 하지만 액션성은 뛰어나게'를 모토로 닌자 가이덴을 만든 제작사에서 출시하였다. 단순한 조작으로도 어떻게든 끝을 볼 수 있도록 제작하였으며 심도 있는 난이도를 선호하는 사람들에겐 여러 가지 다양한 플레이로 즐길 수 있도록 하였다.

스토리 또한 일본의 전국시대를 배경으로 하였지만, 시대 배경을 몰라도 이해하기가 쉬워 스토리의 접근성 또한 타 게임에 비해서 좋은 편이다.

TIP

액션 게임이라고 하지만 알아야 할 것들이 많아서 조작의 문제점이 크게 느껴질 수 있다. 스토리의 전개가 빈약하고 단순하므로 그 부분을 중시한다면 몰입도가 떨어질 수도 있다.

14.
블러드본

일본 | 프롬소프트웨어 | 2015

-청소년 이용불가

그래픽*** 스토리*** 연출**** 음악***** 난이도*****

_감상평

피를 수혈받으면 점점 야수로 변하는 야수병을 치료하기 위해 야남이라는 도시에서 시술을 받는 주인공. 도시에서 깨어나는 순간 한 짐승에게 물어뜯기고 '사냥꾼의 꿈'이라는 장소에서 다시 눈을 뜨게 된다.

'사냥꾼의 꿈'은 주인공과 같은 사냥꾼들이 오는 곳이라며, 이 악몽을 깨야만 자신이 왔던 곳으로 돌아갈 수 있다고 지나가던 NPC는 말한다. 그렇게 여정을 떠나는 주인공. 그는 야수병에 굴복하는 자들을 하나하나 베어가며 악몽의 근원에 대해 점점 알게 된다.

결국 사냥꾼의 꿈이라는 악몽을 없애버릴 것인지, 세계의 의지로 살아갈 것인지에 대한 선택의 기로에 서게 된다.

다크소울과 엘든링 사이에 출시한 외전격 작품이다. 피를 촉매로 자신과 무기를 강화한다. 야수병이 게임 내의 9할의 사람에게 퍼지며 그 야수들을 베어나가는 것이 게임의 주목적이다.

게임 내의 야수를 사냥하는 사냥꾼들은 악몽에 사로잡혀 미쳐버리거나 죽어버리는데, 그것을 해결하기 위해선 사냥꾼의 악몽을 깨워야 하기에 주인공은 단순한 야수부터 우주적인 존재까지 베어나가며 악몽에서 깨어나기 위한 여정을 떠나게 되는 것이다.

TIP
'피'가 게임 주제인 만큼 표현 자체가 과격하므로 징그러운 표현에 거부감이 있다면 쉽게 접근하기 힘들다.

15.
와룡 폴른 다이너스티

일본 | 팀닌자 | 2023

-청소년 이용불가

그래픽*** 스토리* 연출*** 음악*** 난이도*****

_감상평

스토리 배경은 나관중 삼국지 정사 중 황건적의 난부터 동탁 토벌전 이후를 다룬다. 요마라는 괴물에 의해 전국이 혼란스러운 시기. 단약이라는 약이 퍼져 사람을 괴물로 만드는 악순환이 반복되고 있다. 그 시작은 황건적의 대장 장각, 강동의 호랑이 손견, 인중 여포 등 유명한 무장들도 단약의 손아귀를 피하지 못한다.

그 난세에서 주인공은 단약을 퍼뜨린 원인을 계속해서 추격해 나간다. 하지만, 그 사이 단약의 힘에 취한 자들이 차례차례 등장하고 이성을 잃은 괴물이 된 무장들을 베어가며 앞으로 나아간다.

항상 어려움을 추구했던 게임사였지만, 어느 정도 난해함을 내려놓으며 게임성과 접근성에 중점을 둔 액션 게임이다. 복잡한 것을 털어내 깊이감이 사라지면서 게임이 가벼워 보일 수 있지만, 그와 반대로 칼과 칼이 부딪치는 소리라던가 적의 강한 공격을 실감 나게 보여주는 화면 연출은 전작보다 진화하며 다양한 경험을 보여준다.

스토리 부분에서는 기본적으로 삼국지가 기반이기 때문에 익숙한 얼굴들이 자주 나오는 것도 플러스 요인이다. 그러한 장점은 게임의 접근성을 올려주고 실제 내용과 비교해서 어떤 식으로 역사가 표현되었는지 보는 것 또한 하나의 재미라고 하겠다.

TIP

게임 내적으로 조작이 어렵고, 2023년에 출시한 게임이라고 하기엔 그래픽이 조악하기에 외형만 보면 접근하기가 쉽지 않다. 또한, 실제 삼국지 내용과는 많이 다르기 때문에 정사 삼국지를 생각하고 본다면 작품의 깊이가 낮은 해석과 구성에 실망할 수 있다.

16.
바이오쇼크

미국 | 이래셔널게임즈 | 2007

-청소년 이용불가

그래픽***** 스토리***** 연출***** 음악*** 난이도*

_감상평

주인공은 여행을 가던 도중 태평양을 지나는 비행기가 불시착해 바다 한가운데 추락한다. 그곳에는 어째서인지 등대 하나가 서 있다. 홀린 듯 안으로 들어가자 존재할 수 없는 태평양 바다 내에 자리 잡은 해저도시 랩처가 존재했다. 그곳은 정치, 연구, 예술, 철학 등 모든 것에 자유의지가 보장받는 도시다.

하지만 '아담'이라는 마약이 도시 내에 자유라는 이름으로 퍼지면서 지상과 교류가 힘들게 되었다. 결국 랩처는 해저도시의 폐쇄성으로 인해 내부로부터 서서히 파괴되기 시작한다.

주인공은 랩처를 탐험하며 자신이 이곳에 왜 도착하였는가에 대한 의미를 찾아가는 게임이다.

과거 콘솔 시장에 등장하여 그 어떤 게임에서도 표현하지 못한 해저 도시를 훌륭하게 보여주었고, 빼어난 물 그래픽을 통하여 멸망해가고 있는 도시를 탐험하는 경험을 하게 해 준다.

인간에게 초능력 수준의 힘을 부여하는 아담이라는 마약이 자유 경제시장이라는 명목하에 자유롭게 도시에 부려지며 망가져 가는 도시의 모습을 보는 것 또한 흥미롭다.

지금의 현실에 경각심을 보여주는 것 같기도 하다. 과학의 발전, 인간의 무한한 자유에 대해 깊이 생각하게 한다.

TIP

디스토피아를 표현하기 위해서 다소 유혈이 낭자하고 폭력성이 있다는 문제가 있다. 함축하고 있는 내용이 복잡하기에 스토리에 대한 여러 해석을 봐야 이해할 수 있다.

17.
천수의 사쿠나히메

일본 | 에델와이즈 | 2020

-12세 이용가

그래픽** 스토리*** 연출** 음악*** 난이도*

_감상평

본작의 배경은 고대 일본사이다. '신수'라는 신의 존재가 사는 세계로 주인공 사쿠나는 그들 중 하나였는데 밥을 먹지 못해 힘들게 살고 있는 사람들을 불쌍히 여겨 직접 내려가 그들에게 쌀을 재배하는 법을 가르치고 직접 키우는 역할을 맡는다.

사쿠나는 쌀을 공양받으며 살아야 했기에 사람들에게 쌀 재배하는 것을 배울 겸, 공양받을 겸 인간세계로 내려가게 된다. 하지만 인간들이 '오니'라는 괴물에 의해 위협받고 있다는 것을 알게 되고, 사람들을 위해 '오니' 퇴치를 하면서 사쿠나는 인간세상에 섞여 든다.

출시 당시에 쌀농사를 유사하게 게임 내에서 할 수 있다는 것이 밝혀지며 국내의 농촌진흥청 서버를 마비시킨 것으로 유명한 게임이다. 수로를 열고 비료를 주고 날씨를 확인하는 등 정말 현실적인 쌀농사를 게임에서 해볼 수 있다는 점에서 굉장히 건강한 게임이다.

일러스트 중앙에 있는 사쿠나히메를 제외하고는 다들 일을 하는지 마는지 알 수 없는 답답함이 있지만, 여신이 사람을 위해 헌신하는 모습을 보는 즐거움이 이 게임의 키포인트라 할 수 있다.

TIP

쌀농사를 베이스로 하여 게임 호흡이 굉장히 느리다. 주 컨텐츠인 쌀농사에 흥미를 느끼지 못한다면 게임 내적으로 할 것이 없다는 것이 큰 단점이다. 주변 인물들의 움직임이 잘 나타나지 않아 답답함이 느껴지고 그로 인해 스토리의 몰입에 방해가 된다.

18.
사이버펑크 2077

폴란드 | CD프로젝트 | 2020

-청소년 이용불가

그래픽***** 스토리*** 연출**** 음악**** 난이도*

_감상평

본작의 배경은 과학이 극한으로 발달한 2077년의 나이트 시티. 인간의 불편한 삶을 전부 기계로 대처할 수준으로 기술이 발전하였다. 빈부 격차는 극한으로 벌어져 부유층은 온몸을 기계로 바꾸며 영생을 하지만 극빈층은 겨우 목숨을 연명하면서 하루살이 인생을 사는 세계관이다.

주인공은 부랑자의 삶을 살아가고 있다. 하지만 재키라는 인물을 만나며 새로운 인생을 살게 된다. 재키와 주인공은 아라사카라는 대기업의 중추 정보를 빼내오면 큰 거금을 준다는 의뢰를 받는다. 그들은 아라사카 기업의 총수가 있는 건물로 잠입하고, 정보를 빼내오는 데 성공하지만, 재키는 사고에 휘말리게 된다.

빼내온 정보는 외부에 그냥 두면 손상되는 칩이었고, 결국 칩의 정보를 유지하기 위해 주인공은 자신의 몸에 설치한다. 하지만 그 칩은 과거 나이트 시티를 멸망시킬 뻔했던 한 존재의 영혼이 담긴 칩이었고, 그 영혼과 함께 나이트시티의 여러 사건을 해결하게 된다.

출시 당시 최고의 오픈 월드 게임이라고 많은 광고를 했지만, 막상 최적화의 문제라던가 NPC와의 상호작용이 굉장히 빈약하여 유저 사기극을 벌였다고 할 정도였다.

다만 이후의 사후 관리와 더불어 해당 게임으로 만든 애니메이션 '사이버펑크:엣시러너'가 흥행을 거두며 이미지 쇄신에 성공, 게임의 이미지 또한 반등하였다.

TIP

오픈 월드 게임이라고는 하지만 생각보다 자유도가 높은 게임은 아니다. 퀘스트 진행도 단순하게 구성되어 있어서 짜임새 있는 게임을 원한다면 패스하는 것도 좋겠다.

19.
디트로이트 : 비컴 휴먼

프랑스 | 퀀틱드림 | 2018

-청소년 이용불가

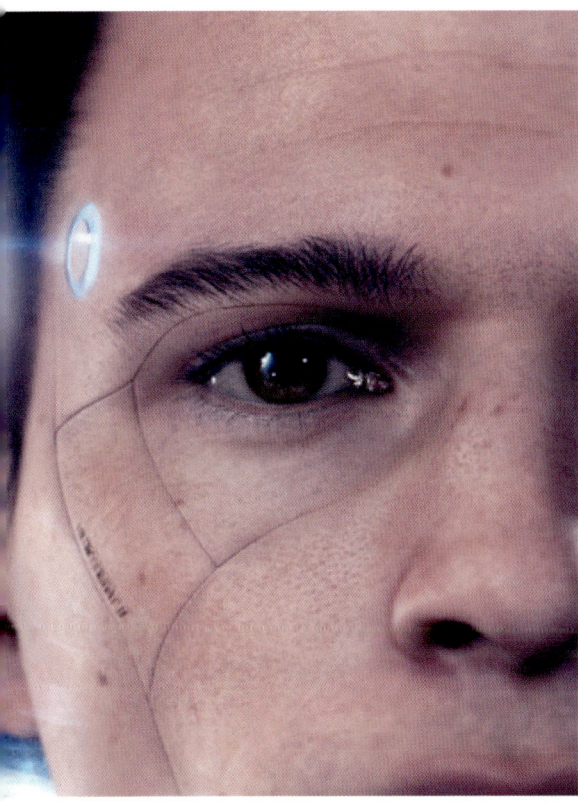

그래픽***** 스토리***** 연출**** 음악*** 난이도*

_감상평

게임의 배경이 되는 2038년은 전 세계적으로 1억2천만 대 이상의 안드로이드가 보급된 세계다. 안드로이드로 인해 양산된 실업자들이 넘치는 기술적 실업 시대의 사이버펑크 요소가 짙게 드러나는 디스토피아적인 시대다.

이 세계의 안드로이드는 감정을 가지게 되는 순간 불량품이라는 낙인이 찍히며 파기처리 된다. 해당 게임의 주인공 로봇들은 각자 자신의 소중한 것을 지키기 위해 스스로를 망가뜨려 불량품이 되는 것으로 이야기가 시작된다.

첫 번째 주인공인 칼은 로봇이며 자신의 주인인 인간을 섬기며 하루를 살아가고 있다. 그렇게 평범한 삶을 살다 자신이 섬기는 주인의 아들이 마약에 찌든 채 행패를 부리며 자신의 주인을 해치려 하자 결국 로봇의 원칙을 깨고 도망자 신세가 된다.

두 번째 주인공인 사라는 가난한 집의 안드로이드였다. 가정

폭력이 난무하며 부모는 마약에 찌든 채 살아갔는데, 어느 날 아이가 위험에 처하자 원칙을 깨고 아이를 구한 뒤 불량품이 된다.

세 번째 주인공 마커스는 기업의 마스코트다. 기업을 위해 일하는 가장 로봇다운 존재이지만, 경찰로서 함께 일하는 파트너에게 인간성이라는 것을 배우며 점점 불량품화 된다.

'로봇이 사람의 감정을 배우면 그것은 사람일 수 있는가?'에 대한 철학적 질문을 우리에게 던지며 사람보다 사람다운 로봇의 모습을 계속해서 보여준다.

TIP
철저하게 스토리 위주이기 때문에 게임이 아니라 영화를 본다는 마음으로 접근해야 한다.

20.
발할라 사이버펑크 바텐더 액션

베네수엘라 | 스케반게임즈 | 2016

-심의 없음

그래픽** 스토리***** 연출* 음악***** 난이도*

_감상평

작중 글리치 시티의 상황은 세계 어느 나라보다 심각하다. 시민들은 태어날 때부터 추적용 나노머신에 감염되어 24시간 추적당하며, 세계 최고 수준의 인플레이션을 자랑해 물가가 매우 높다. 식량 배급도 부족하고 도시 중심부를 제외하면 치안이 나빠 조폭들이 세력전쟁을 펼치며 폭력과 약탈이 일상화되어 있다.

한 슬럼가에 작은 바텐더를 운영하는 주인공. 이름은 질, 가게 오너 대신, 사실상 가게 운영을 맡고 있다. 사람들은 제각기 다른 사연을 안은 채 가게를 방문한다.

성 접대를 업으로 하는 로봇, 유명한 인터넷 방송 셀럽, 경찰 단원, 주인공의 친구와 그 외의 동물들까지. 여러 가지 사연을 접수하며 술을 접대하는 게임이다.

디스토피아에 바텐더라는 독특한 감성을 도트로 표현하여 제작된 스토리 형식의 수작 게임이다. 실제로 술을 제조하여 가게에 방문하는 NPC들에게 제공하고 그들의 이야기를 들을 수 있는, 간단하면서도 깊이 있는 게임이다.

'인간의 가장 깊은 내면은 술을 통해 꺼낼 수 있다'는 말처럼 게임 내에서도 여러 갈등과 고민을 술과 함께 표현한다. 스토리에 더욱 몰입하게 만들어주는 역할 또한 충실하게 해낸다.

TIP

도트 감성이 없으면 접근 자체가 쉽지 않고, 스토리만 존재하는 게임이기에 게임보다는 영화를 보는 느낌으로 시작해야 한다.

Games are not just a beginning and an end but a continuous series of possibilities and choices.
게임이란 것은 시작하고 나면 끝이 있는 것이 아니라, 무한한 가능성과 선택의 연속이다.

- Sid Meier

(미국의 게임 프로그래머, 게임 디자이너, 세계 게임계의 3대 거장)

21.
몬스터 헌터 월드:아이스본

일본 | 캡콤 | 2019

-15세 이상 이용가

그래픽**** 스토리* 연출*** 음악**** 난이도****

_감상평

명등룡 제노지바를 처치한 후 마을에는 평화가 돌아왔다. 하지만 마을 아스테라 주위에 서식하고 있는 몬스터들이 평소보다 흉폭하고, 사람을 습격한다는 소문이 계속해서 들려온다. 평소 몬스터들의 생김새도 바뀌고 성격 또한 공격적으로 변하는 것을 보고 일반적인 상황이 아니라는 것을 파악할 수 있다.

몬스터들은 모두 한 방향을 향해서만 나아가려고 하는 것을 알게 된 사냥꾼들은 그 흔적을 계속해서 추적한다. 추적 끝에 도달한 곳은 섬의 끝. 그들은 용들이 설산으로 날아가는 모습을 바라보며 새로운 사냥감들이 존재하는 설산으로 발걸음을 옮긴다.

몬스터 헌터는 몬스터를 잡는다는 설정에 맞춰 무기와 방어구를 준비하고, 부족한 체력을 채울 물약을 챙기며, 수렵하는 데 도움이 되는 도구들을 만든다. 그 과정에서 즐거움을 얻을 수 있고 자신이 몬스터를 수렵했다는 성취감이 넘치는 게임이다.

다윗과 골리앗의 전설처럼 거대한 존재를 상대로 인간이 피하지 않고 당당하게 맞선다는 주제는 시대를 막론하고 통용되는 장르다. 하지만 게임에 스토리적인 부분은 많이 부족하다. '마을에 몬스터가 나타났다=잡아달라'는 단순한 전개지만, 사냥이라는 원초적 즐거움을 느껴보는 것은 어떨까.

TIP

단순 반복 플레이가 주를 이루고 있어서 스토리만 보고 말 것이라면 가성비가 조금 떨어진다.

22.
데빌 메이 크라이 5

일본 | 캡콤 | 2019

-청소년 이용불가

그래픽**** 스토리* 연출***** 음악***** 난이도***

_감상평

악마들이 어느 정도 잠잠해지고 있는 시기. 갑자기 도심에 거대한 탑이 솟아오르고 악마가 쏟아져나와 사람들을 마구잡이로 습격한다. 이 문제를 해결하기 위해 주인공 단테와 파트너들은 탑의 주인을 상대하러 간다. 하지만 상대는 대악마였고, 결국 손도 쓰지 못한 채 3명은 뿔뿔이 흩어진다.

다른 주인공 네로는 자신의 파트너와 함께 도시에 퍼져있는 악마들을 하나씩 제거하면서 점점 탑의 정상으로 향한다.

그 사이 네로는 V라는 조력자와 만나게 된다. V는 현세에 악마를 불러들이려는 버질의 만행을 막아야 한다면서 네로를 돕게 된다. 게임의 시점은 단테와 네로를 오가며 도심의 악마를 베어내고 세상을 구한다는 내용이다.

캡콤의 자랑, 액션 게임의 명가. 대부분의 액션 게임이 데메크의 모션을 채용한다 해도 과언이 아닐 정도로 콘솔 액션 게임의 한 획을 그었다. 주인공 특유의 활달하고 화끈한 액션에 눈이 즐거우며 시리즈가 진행될수록 액션성과 그래픽이 강화되면서 보다 멋진 모습을 보여준다.

다만 액션에 몰두하는 게임의 특성상 조작감이 점차 어려워지고, 고인물화가 진행되는 것도 문제다. 하지만 원버튼 액션이라는 신규 기능을 도입하고 진입장벽을 많이 낮추어 사람들에게 액션게임의 재미를 느끼게 해주려는 노력을 하고 있다.

TIP

스토리 부분에서는 볼 것이 없기 때문에 액션성에 취하지 못한다면 입문 자체가 쉽지 않다. 이펙트가 화려하기 때문에 눈이 조금 아플 수 있다. 게임의 감성 자체가 3류의 맛이 있어서 진중한 느낌을 원한다면 패스.

23.
하프라이프 2

미국 | 밸브 | 2004

-청소년 이용불가

그래픽** 스토리***** 연출***** 음악*** 난이도*

_감상평

전작에서 우주를 구했지만, 폭발에 휘말리게 되는 고든 프리맨. 그 죽음의 순간 G맨이라는 존재에 의해 살아나고, 영웅이 아직 죽을 때가 아니라는 말을 듣는다. 그는 순식간에 게임의 세계에 들어가게 되고 수면 상태에 빠진다.

몇 년이 지났을까. G맨은 영웅이 필요한 곳에 존재하지 않으면 무슨 의미가 있냐면서 잠에서 깨어나라는 얘기를 하고는 17번 지구의 시타델이라는 곳에 떨어뜨려 놓는다. 콤바인이라는 외계 생물체에 지배받고 있던 시타델. 그는 여러 사람들의 도움과 함께 시타델을 콤바인의 손아귀에서 벗어나 자유를 선사한다.

외계인에게 지구를 팔아넘긴 자, 브린. 고든은 그를 잡기 위해 발걸음을 옮긴다. 숱한 난관을 끝에 브린 앞에 선 고든. 자신의 권력을 놓을 수 없었던 브린은 에너지가 넘치는 타워를 폭발시킨다. 고든은 그동안 도움을 주었던 외계인들 덕에 목숨을 부지한다. G맨은 다른 외계인의 도움을 받아 목숨을 건진다. 그는 앞으로 어떻게 될지 모른다는 얘기를 하고는 다시 잠에 든다.

19년 전의 작품이라고 할 수 없을 정도의 정교한 스토리라인과 수려한 연출이 눈을 사로잡는 밸브 회사의 역작 중에 하나다. 3편이 나오지 않는 문제가 있지만 이후 DLC와 VR 알릭스로 해결하여 어느 정도 스토리의 이해성을 높였다. 전투 부분도 간결하지만, 몰입감 있게 만들어 더욱 집중 할 수 있다.

TIP
3D 멀미가 심한 사람이면 플레이하기 어려울 수 있다.

24.
갓 오브 워 : 라그나로크

미국 | 산타모니카스튜디오 | 2022

-청소년 이용불가

그래픽**** 스토리**** 연출**** 음악**** 난이도***

_감상평

그리스 전쟁의 신 아레스를 죽이고 그 자리를 대체하게 된 크레토스. 전쟁의 신으로 많은 일을 해왔지만, 제우스를 비롯한 다른 신들에게 배신당한다. 그 분노로 그리스 신을 하위부터 제우스까지 모조리 죽여버리고 자신이 가지고 있던 검으로 배를 갈라 희망이라는 것을 세상에 퍼뜨리고는 쓰러진다. 하지만 그는 죽지 않았다.

아주 오랜 시간이 지나 설산에서 다시 눈을 뜨게 된 크레토스. 자신의 아들 아트레우스와 함께 평안한 삶을 영위하고 있던 그의 앞에 북유럽의 신 로키가 등장하여 크레토스에게 싸움을 건다.

크레토스는 로키를 제압한 후 죽은 아내의 뼛가루를 산 정상에서 뿌리고자 아트레우스와 함께 먼 길을 떠난다.

부드럽고 온화하게, 화를 참아내는 헌신적인 아버지의 모습은 인간의 아버지와 똑같다. 전작, 갓 오브 워3의 잔혹함과 폭력성이 많이 절제되고 아들을 위한 인간의 면모를 강하게 표현한 것이 인상적이다.

북유럽의 신 토르, 로키 등은 개인적 스토리를 부여해서 몰입할 수 있게 만들었다.

액션과 스토리 모두 다 성공한, 몇 안 되는 명작 중의 하나다.

TIP
난이도 문제를 제외하면 단점이 존재하지 않는 작품이다.

25.
디아블로 3 : 영혼의 수확자

미국 | 블리자드 | 2012

-청소년 이용불가

그래픽*** 스토리* 연출*** 음악*** 난이도***

_감상평

대악마는 패했으나 천상과 지옥, 성역을 가르던 세계석이 오염되어 티리엘의 손에 파괴되었다. 세계석이 파괴되며 경계가 사라진 지 20년 뒤, 성역 세계의 밤하늘에 돌연 혜성이 출현하여 트리스트럼으로 떨어지고, 성역 세계는 불길한 기운에 휩싸인다.

그곳에 주인공이 등장하여 여러 악마들을 퇴치해 가며, 대 악마들을 상대하러 가게 된다. 이후 모든 악마를 처치하여 검은 영혼석에 악마를 봉인하였지만, 지혜의 대천사 말티엘이 영혼석을 훔쳐가고 주인공은 다시 한번 말티엘을 처치하기 위해 여정을 떠난다.

스토리 부분에서 '악마가 나타났다, 처치한다, 다음 맵으로 간다'의 실행 미션이 전부라서 단순하지만 같은 플레이를 반복하여 장비를 모으고 레벨을 올리며 점점 강해지는 RPG적인 요소를 극대화시킨 게임이라 생각하면 된다.

여러 직업들을 돌려가며 같은 전투를 반복해야 하는 지루함이 있지만 다양한 세팅들을 이용해가며 혼자 많은 적들을 상대한다는 핵앤 슬래시의 장르에 가장 확실하게 부합하는 장르이다.

TIP
스토리 부분에서 아쉬움이 있고, 단순 플레이를 반복하는 게임이라 파고들기 플레이를 하지 않는다면 게임 플레이의 이유가 없다. 불면증 치료제라는 말이 있을 정도의 반복 플레이가 최대 단점으로 게임을 하다 잘 수 있다.

26.
파이널 판타지 15

일본 | 스퀘어에닉스 | 2016

-15세 이상 이용가

그래픽**** 스토리** 연출***** 음악***** 난이도*

_감상평

왕가의 아들 녹티스는 왕의 되기 위해 아버지의 권유로 자신의 정략 결혼을 준비한다. 그 정략 결혼을 이행하기 위해 수행 사제이자 세 명의 친구와 함께 이웃 왕국으로 출발한다. 하지만 녹티스가 왕국을 비운 사이 제국의 습격으로 녹티스의 왕가는 무너지게 되고 아버지 또한 타계한다.

이웃 왕국으로 가던 차량을 다시 왕국으로 돌리려 하는 녹티스. 하지만 현재의 자신의 힘으로는 아무것도 할 수 없다는 사실을 통감하고 계속해서 이웃 왕국으로 이동한다.

이후 녹티스는 왕가의 무기와 신의 힘, 동료와의 유대감, 사랑하는 사람의 죽음 등 일련의 시련과 경험을 겪으며 미숙한 젊은 청년에서 한 나라의 왕으로서 성장한다.

제국이 왕국을 먹어버린 후 어둠의 힘이 세계를 집어삼켜 밤만이 존재하는 세계의 왕으로서 다시 태어난 녹티스. 그는 왕국으로 돌아가 세상의 위협을 전부 없애버리지만, 결국 왕가의 힘을 모두 소진한 녹티스는 왕좌의 위에서 쓰러진다.

주인공의 외형이 호스트바 출신 같다고 욕먹고, 게임 내적으로 딱히 할 것이 없다면서 불만이 많은 작품이었다. 하지만 엄청난 그래픽과 성장해가는 주인공의 모습을 보는 맛 또한 일품이다.

이후의 모자란 이야기를 따로 추가하며 본 작에 허술했던 이야기를 채워 보다 좋은 게임으로 완성되어 갔다

TIP

게임성은 많이 존재하지 않는다. 영화나 애니메이션을 본다고 생각하면 좋다.
스토리를 DLC 추가로 풀기 때문에 내용 몰입이 안 될 수도 있다.

27.
디스 워 오브 마인

폴란드 | 11비트스튜디오 | 2014

-청소년 이용불가

그래픽** 스토리***** 연출*** 음악*** 난이도****

_감상평

게임에는 다양한 전쟁 게임들이 존재한다. 대부분의 전쟁 게임은 군인으로 플레이를 한다. 민간인의 시점으로 겪는 전쟁의 모습은 흥미로움 대신 불쾌한 경험을 선사하기 때문이다.

해당 게임은 실제 전쟁의 참혹성과 인간의 이기적인 모습 등을 유저의 손으로 직접 선택한다. 전쟁이라는 극한 상황에서 사람다운 모습을 유지하면서 살 것인지, 다른 사람은 상관없이 오로지 자신만을 위해서 모든 것을 약탈할 것인지 하나하나 선택해야 한다.

전쟁은 변하지 않는다. 군인과 군인끼리 총을 맞대고 미사일과 탱크 같은 무기들이 난무하는 곳에서 민간인들은 아무 이유 없이 고통받으며 살아야 한다. 전쟁의 피해자들끼리 살아남기 위해 서로 물어뜯으며 아비규환의 생지옥을 견딘다.

모든 인간이 그런 선택을 하는가에 대한 근본적 의문에 도달하게 만드는 게임으로서 나는 모두에게 자비를 베풀어야겠다는 선민의식을 보여줄 수도 있고, 그럴 수 없으니 나는 살아남아야 한다며 모두를 배반하고 외톨이 인생을 살아갈 수 있다.

전쟁의 참혹함을 몸으로 느껴 볼 수 있는 에픽 게임즈의 수작 중 하나다.

TIP
전쟁 게임이지만 총을 쏘는 게임이 아닌 생존 게임이기 때문에 흥미로운 전쟁 게임을 하고 싶다면 다른 게임을 찾는 것이 좋다.

28.
블루 아카이브

대한민국 | 넥슨게임즈 | 2021

- 청소년 이용불가

그래픽*** 스토리**** 연출**** 음악***** 난이도*

_감상평

과거의 기억을 회상하며 총을 맞고 쓰러지는 주인공. 눈을 떠보니 지하철에 앉아있다. 건너편의 여자아이는 자신의 실수였다면서 잘못된 이 세계를 바로 잡아주셔야 한다고 말한다.

눈을 뜨고 일어난 곳은 학생들이 둘러싸고 있는 길 가. 학원의 주건물 샬레가 점거당하여 그곳을 다시 탈환해야 한다는 말을 듣고 학생들을 지휘해 샬레를 탈환하게 된다.

샬레의 가장 높은 지휘체계인 선생님이 된 주인공은 각 학원에서 일어나는 해프닝과 크고 작은 갈등들을 해결해나가며 학생과의 유대감과 어른으로서의 역할을 해 나아가는 게임이다.

큐라레 메인 PD였던 김용하 PD가 만든 국산 모바일 서브컬쳐 게임으로서 성공한 몇 안 되는 게임 중 하나다. 순진하게 생겼지만 은행을 털러 가는 주연이라던가, 깨어난 지 얼마 안 된 로봇 여자아이가 오래된 구시대의 게임을 즐긴다든가 하는 단순한 여자 캐릭터들만 나오는 1차원적 게임이 아니다. 1차원적인 모에 포인트를 떠나 색다른 캐릭터 성을 보여주는 서브컬쳐 게임이다.

스토리 또한 완급조절이 좋고, 단순 클리셰를 기반으로 가지만 그 클리셰를 극대화 시키는 작업을 통해서 유저들이 좋아하는 부분을 잘 잡아주는 훌륭한 게임이다.

TIP

모바일 게임이다보니 캐릭터를 뽑기 위해 지속적인 비용을 지불해야 할 필요가 있다. 스토리와 캐릭을 보는 게임이니 게임성은 조금 떨어진다.

29.
오브라딘 호의 귀환

미국 | 루카스포프 | 2018

-청소년 이용불가

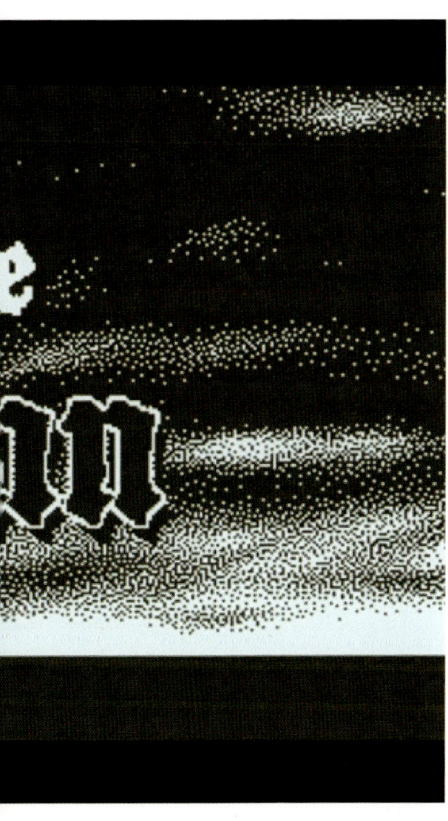

그래픽** 스토리**** 연출*** 음악**** 난이도***

_감상평

주인공은 보험조사원 중 한 명이다. 시간 내에 정박하러 와야 하는 배, 오브라딘 호가 돌아오지 않자 그 배에서 무슨 일이 벌어졌는지 알아달라는 의뢰를 받고, 바다 한가운데 떠 있는 오브라딘 호로 향하게 된다.

주인공은 의뢰자에게 받은 시체 혹은 사건의 파편을 본 후, 과거 사건의 재구성을 볼 수 있는 시계를 얻게 된다. 그 능력을 통해 오브라딘 호의 탑승자 명단을 추리해내고, 배 위에서 어떠한 일들이 벌어졌으며, 왜 그랬는지에 대해 추리해야 한다.

바다, 버려진 배, 시체 등 축축하고 습한 주제와 함께 어두운 흑색과 회색빛의 구성. 배 위에서 무슨 일이 벌어졌는지, 그들은 왜 그래야 했는지를 알아가는 게임이다.

스토리 게임이라 하면 비주얼적인 부분은 어느 정도 포기를 하거나, 중도에 스토리가 이상하게 흘러가는 경우가 존재하는데 오브라딘 호의 귀환은 배 위에서 무슨 일이 벌어졌는지 알아주십시오 하는 목적을 가지고 주인공이 직접 하나하나 추리해 나가는 즐거움이 있다.

미지의 존재에 대한 두려움, 경외심 등을 엿볼 수 있고, 인간으로 하여금 그 두려움으로 인해 얼마나 잔혹해질 수 있는가 또한 관측할 수 있는 흥미진진한 게임이다.

TIP

스토리 게임이고 추리 한 후 단순 찍어 맞추기식 플레이를 하면 덜 즐거울 수 있다. 어느 정도 내가 탐정이라는 과몰입이 중요하다.

30.
니어 : 오토마타

일본 | 플래티넘게임즈/스퀘어에닉스 | 2017

-청소년 이용불가

그래픽***** 스토리**** 연출***** 음악***** 난이도*

_감상평

지구가 기계 생명체에 점령당했다. 인류는 모두 멸망하고 우주에 떠 있는 방주에 소수의 인간과 지구 탈환을 위한 인간형 로봇들만이 존재하는 세계관이다.

임무에 투입된 2B(기둥 중앙에 서 있는 여자)와 9S(앉아있는 남자)는 기계 생물체들을 베어나가며 도주하지만 결국 초거대 로봇들에게 죽을 위기에 처하고 자신들의 코어를 자폭시켜 초거대 로봇들과 함께 산화한다. 하지만 로봇이기 때문에 부서져도 의식은 다시 다른 소체에 들어가 새롭게 탄생하게 된 두 사람. 지상 탈환이라는 임무를 부여받고 다시 지상으로 내려간다.

로봇이 인간의 감정을 얻게 되는 과정. 로봇은 인간으로서 의식주를 해결하면 안되는가? 로봇 또한 번식의 과정을 통해 사람으로 바뀔 수 있는가? 로봇이라는 주제로 인간성의 형성을 다루는 작품 중에 하나다.

멀티 엔딩 또한 주목할 부분인데, 주인공 일행은 다시 살아날 수 있다는 컨셉을 살려 엔딩을 봤더라도 다시 처음으로 돌아가 새로운 엔딩을 볼 수 있는 것 또한 즐길 거리다. 그리고 그 모든 엔딩을 봤을 때 전투를 위해 만들어진 로봇들이 인간으로서 과연 살아갈 수 있는가? 라는 근본적 물음에 답을 내릴 수 있을 것이다.

TIP
가끔 맥락 없이 이상한 소리를 하는 경우가 있어서 스토리 이해가 잘 안될 수 있다.

The most important things I learned in life is all from games.
내가 살아온 지금까지 가장 중요한 것들은 모두 게임에서 배운 것들이다.
- Steve Jobs
(미국의 기업인, 애플의 전 CEO이자 공동 창립자)

31.
데드 스페이스 : 리마스터

캐나다 | 모티브스튜디오 | 2023

-청소년 이용불가

그래픽***** 스토리**** 연출**** 음악*** 난이도*

_감상평

자원이 메말라가고 있는 지구에서 더 이상 살아갈 수 없었던 인류는 우주선을 통해 우주에 있는 또 다른 행성에서 살아갈 수 있는 자원 등을 캐는 행위를 하며 삶을 영위하고 있다.

그 우주선 중 주인공의 연인인 니콜이 탑승한 이시무라 호에서 자신을 구해달라는 연락만 남긴 채 행방불명되자 단순한 기계공도였던 주인공 아이작은 우주선 기계공으로 장소를 바꾸어 이시무라 호를 찾으러가는 우주선에 몸을 맡기게 된다.

주인공은 우주 한복판에 표류하고 있던 이시무라 호를 찾아내고 동료들과 함께 우주선에 오른다. 하지만 유혈이 낭자하고, 연락도 두절 되어 있는 우주선에서 어떻게 외부로 연락을 할 수 있었는지에 대한 의문을 가지는 순간 우주 괴물의 등장으로 동료들은 전부 참살당한다.

갑작스런 괴물의 등장에 당황한 아이작은 도망치며 우주선 내의 생존자들에게 네크로모프라는 괴물의 이야기를 듣는다. 이 괴물을 없애려면 우주 건축물 마커를 처리해야 한다는 말도…. 그 마커를 처리하기 위한 여정의 이야기다.

처음 등장할 때 잔인한 데드신으로 유명세를 타면서 호러 S.F 물의 한 획을 그은 작품이다. 인간의 정신을 갉아먹는다는 설정을 가진 마커라는 존재를 상대하며 마치 플레이어의 정신력도 갉아 먹히는 느낌을 받으며 세계관에 깊이 몰입할 수 있는 장점이 있다. 꿈도 희망도 없는 디스토피아 세계관이 취향이라면 강력 추천할 수 있는 작품이다.

TIP
사람을 어떻게 하면 다양하게 죽일 수 있을까 연구하는 수준의 잔혹함이 있기 때문에 내성이 없다면 비추천. 호러 게임을 못 한다면 입문이 어렵다.

32.
호라이즌 제로 던

네덜란드 | 게릴라게임즈 | 2017

-청소년 이용불가

그래픽**** 스토리*** 연출**** 음악*** 난이도**

_감상평

때는 아득히 먼 미래, 동물이라는 생물체는 모두 없어진 채 그 자리를 기계로 이루어진 동물들이 자리 잡은 미래 시대다. 그에 반해 인간은 더 이상 진보하지 못하고 기계 동물을 잡기 위해 냉병기를 휘두르고 화살을 쏘며 대항하는 모습으로 나타난다.

주인공인 에일로이는 어려서부터 모험심이 많아 이곳저곳을 돌아다니는 것을 좋아한다. 우연히 미래의 유물을 손에 넣은 그녀는 자신의 귀에 착용한다. 기계 생물체들이 어떤 존재인지, 어떻게 상대해야 하는지 등에 대한 정보가 눈앞에 보이기 시작한다.

이 현상들을 자신의 아버지에게 말하지만 누구에게도 말하지 말라는 면박을 받으며 어엿한 전사로 자란다. 이후에 홀로 독립하게 되고, 자신이 갖게 된 미래의 유물이 어떠한 것인지 알고자 여정을 떠난다.

넷상에서는 우스갯소리로 좋은 게임의 특징으로 공룡이 있으면 갓겜, 거대 로봇이 나오면 갓겜, 거대 공룡 로봇이 나오면 초갓겜이라는 얘기가 나올 정도로 독특한 매력을 지닌 게임이다. 아름다운 배경 화면과 더불어 외형은 기계지만 실제 동물과 비슷한 행동을 하는 것도 하나의 볼거리다.

미래의 야생의 동물들은 인간을 습격하고 더 이상 함께 사는 존재에서 벗어난 지 오래다. 그 동물들을 하나하나 수렵해가며 이 미래 시대가 어떻게 구성되어가는시 알아가는 게임이다.

TIP

캐릭터의 생김새가 묘하게 현실적이라서 거부감이 들 수도 있다. 수렵게임이기 때문에 하나하나 쌓아가는 즐거움을 느끼지 못한다면 플레이하기 힘들다.

33.
용과 같이 제로

일본 | 세가게임즈 | 2015

-청소년 이용불가

그래픽** 스토리**** 연출**** 음악*** 난이도*

_감상평

시대 배경은 버블경제가 한창인 일본 카부키쵸. 휴지보다 지폐가 더 많아 돈이 말 그대로 산처럼 쌓여 누구나 부를 누릴 수 있는 일본 사회의 꿈이 넘치는 시기다.

카부키쵸에 야쿠자로 살아가고 있던 주인공 키류. 야쿠자의 말단으로 자신을 거두어 준 사람의 밑에서 자신이 맡은 일을 수행하며 하루하루를 지내고 있다. 키류는 우연히 건물 사이에 아무것도 없는 장소에서 평소처럼 업무를 하다가, 사람을 죽일 듯이 두드려 패고 돌아온다.

다음 날 바에서 술을 마시고 있는 키류. 어제 자신이 업무를 본 장소에서 살인사건이 발생해 가해자가 되었다는 사실을 알게 된다. 이후 자신이 업무를 본 곳은 야쿠자 집단에서 노리는 카부키쵸의 1평의 땅이라는 이야기를 듣게 된다. 순식간에 살인사건의 가해자가 된 키류는 자신의 무죄를 증명하기 위해서 뛰어다닌다.

일본의 경제 세대 중 최고의 시대라는 버블경제를 게임에서 체험해볼 수 있는 독특한 게임이다. 적을 때리면 돈을 뿌릴 수 있고, 카지노, 룰렛 도박 등 돈으로 뭐든지 할 수 있다. 부동산, 술장사 등을 통해 돈을 말 그대로 복사한다는 의미를 느껴볼 수 있다.

남자들의 진한 우정이 눈길을 끌며, 영화 같은 상황이 많아 이성보다는 감성으로 즐기는 작품이다.

TIP
마초적인 분위기가 강하고 뜬금없는 이벤트 스토리 라인의 감성을 따라가기 힘들다면 즐길 수 없다.

34.
둠 : 이터널

미국 | 이드소프트웨어 | 2020

-청소년 이용불가

그래픽*** 스토리* 연출***** 음악***** 난이도*****

_감상평

지구의 자원이 모두 사라지며 지옥 에너지를 연구하며 살아가고 있던 화성. 연구 도중 지옥 에너지의 폭주를 막지 못해 화성에 악마가 쏟아져 나오기 시작했다. 삽시간에 화성은 불바다가 된다.

이 난리통을 도저히 일반인들은 해결할 수 없는 상황이 된다. 결국 너무나 강력해 과거에 석관에 봉인해 둔 둠 슬레이어를 봉인 해제하여 화성 한복판에서 눈을 뜨게 한다. 눈을 뜨자마자 익숙한 악마들을 하나하나 제거하며 전진하는 둠 슬레이어. 난장판이 된 화성을 보며 이 사건의 계기인, 지옥 에너지를 매개체로 한 지옥 워프를 닫는 작업을 시작한다.

새뮤얼이라는 화성 지구의 책임자는 지옥 에너지는 지구에 꼭 필요한 것이니 조심해 달라는 요구를 듣게 된다. 하지만 지옥 워프는 지옥 에너지를 없애야 사라지기에 그 말을 무시한 채 모든 것을 파괴한다.

하지만 워프는 닫히지 않았다. 결국 과거에 사용했던 악마의 검 크루시블을 얻어 대악마를 제거해야 모든 악마를 없앨 수 있다는 것을 알게 된 둠 슬레이어는 다시 한번 지옥으로 몸을 던져 악마를 처단하러 간다.

스토리는 간단하게 화성과 지옥에 있는 모든 악마를 총, 전기톱, 바주카 등 여러 가지 방안으로 악마를 편육으로 만드는 것이다. 극한의 액션성과 속도감, 이 두 가지로 게임의 모든 것을 설명할 수 있다.

TIP
속도감이 빠르고 3D 게임이니 멀미가 발생할 수 있다. 액션과는 다르게 꽤 불편한 부분이 많아 적응하지 못한다면 즐기기 힘들다.

35.
투 더 문

캐나다 | 프리버드게임즈 | 2011

-전체 이용가

그래픽* 스토리**** 연출**** 음악**** 난이도*

_감상평

과학이 발전한 먼 미래. 과거의 기억을 꺼내 현재의 기억으로 바꾸는 기술이 가능할 수준으로 발전하였다. 과학자 남녀 듀오는 이러한 일을 하다가 한 노부부의 문의를 듣고 어느 시골로 떠나게 된다.

노부부는 과거에 젊은 시절 꼭 이루고자 했던 약속이 있었는데 남편 쪽에서 기억이 나지 않는다며 그 과거의 기억을 꺼내달라는 것이 의뢰의 목적이었다. 하지만 너무 오래된 기억이고 자기방어기제가 계속해서 방해하며 두 과학자를 막는다.

결국 노부부의 과거를 보게 된 과학자들. 꿈속에서 우주비행사를 꿈꾸는 젊은 시절의 노부부를 보게 된다. 이 둘은 우주선을 타고 별을 보러 가자는 약속을 하며 등대에서 서로의 마음을 확인하는 장면을 보게 된다.
계속해서 노부부의 기억의 파편을 맞춰가며 노부부의 꿈을 이루게 해주는 스토리다.

쯔꾸르라는 게임툴을 이용하여 만든 수작. 그래픽과 비주얼은 게임성에서 크게 자리를 차지하지 않는다는 것을 여실히 보여준 진정한 스토리 게임의 훌륭한 표본이다. 투더문 이후 여러 쯔꾸르 명작들이 등장하며 많은 유저들에게 즐거움을 선사하였다.

젊음이라는 아름다운 시기와 꿈을 잃지 않으면 인생은 아름답다는 것을 멋있게 표현하는 작품이다.

TIP
스토리 몰빵 게임이라 스토리를 즐기지 못한다면 즐기기 힘들 수 있다.

36.
언더테일

미국 | 토비폭스 | 2015

-12세 이용가

그래픽* 스토리**** 연출**** 음악**** 난이도**

_감상평

과거 인간과 괴물이 공존하면서 살았던 시대. 인류가 발전하자 괴물들은 지하로 쫓겨나고 인간과 괴물은 따로 살게 된다. 괴물들 사이에선 갈등이 생기는데 인간과 함께 교류하며 살자는 온건파와 지상을 침략하자는 파로 나뉜다.

그때 지상에서 한 인간 여자아이가 지하로 추락한다. 잠시 위험에 처했지만, 온건파였던 괴물에게 구해진 주인공은 지하 세계를 배워가며 조용히 그곳에서 살아간다. 하지만 결국은 지상의 인간, 자신을 거둬준 괴물에게서 벗어나 지상으로 가야겠다는 주인공. 괴물은 어쩔 수 없이 보내주며 주인공의 여정이 시작된다.

토비 폭스라는 천재 개발자가 혼자서 음악과 연출을 만든 희대의 역작.

게임에서 제3의 벽, 게임 내의 캐릭터가 플레이어에게 말을 건다. 게임 내에서의 선택의 잘잘못을 따지고 유저에게 있어서 그 선택은 옳았는가 틀렸는가에 대해서도 생각하게 만드는 철학적인 부분도 있다.

종국으로 흘러가는 스토리에서는 복잡한 철학적 스토리와 더불어 모두의 인연의 힘을 얻어 난관을 극복한다는 진부하지만 잘 먹히는 클리셰를 마무리로 게임의 모든 스토리가 끝난다. 하지만 그 스토리는 모두가 행복할지, 모두가 불행할지는 자신이 손에 달려있다.

TIP
엔딩이 여러 개라서 모든 엔딩을 보기 위해선 반복적 플레이가 필요하다.

37.
페르소나4 : 골든

일본 | 아틀러스 | 2012

-15세 이상 이용가

그래픽** 스토리**** 연출**** 음악**** 난이도*

_감상평

부모님의 해외 출장으로 시골에 오게 된 주인공, 도시 출신이었던 주인공과 친하게 지내자며 다가오는 몇몇의 동창생들. 그렇게 평이하게 학교생활을 시작하는데 그곳에는 안개가 낀 날 노이즈가 있는 TV를 보면 다음 날 죽는 사람이 보인다는 전설을 듣게 된다. 주인공은 자기 집에서 안개가 낀 날 TV를 보지만 아무것도 보이지 않자 실망하며 등교한다.

다른 학생이 TV에서 누군가를 봤다고 한다. 그리고 다음 날, TV에서 봤던 사람이 전신주 꼭대기에 반대로 뒤집힌 채 죽어있다. 전설이 진짜임을 확인하게 된 주인공 일행. 당황한 그들은 다시 안개가 낀 날 노이즈가 있는 TV를 보게 되고, 이번엔 주인공의 눈에도 누군가가 보인다. 화면을 자세히 보려고 TV에 가까이하는 순간 TV 안으로 몸이 빨려 들어가고 알 수 없는 세계에 떨어진다.

PS VITA라는 게임기기를 유저들에게 페르소나4 용 기기라고 할 정도로 사람들에게 강렬한 인상을 심어준 작품이다. 같은 동창생들과의 인연, 다른 사회에서 살아가는 사람과의 인연 등 사람과의 관계를 통해서 냉소적이었던 가족 관계가 해소되고 시골에서 벌어지는 사건 또한 해결된다.

턴제 게임이 많이 쇠퇴해가던 시절 유일하게 호흡기를 붙이고 연명하던 작품이다. 이후 페르소나 6가 나올 때도 향후 플레이가 작품 중 하나다.

TIP
플레이 호흡이 굉장히 길고 익숙하지 않은 턴제 방식이기 때문에 취향이 맞지 않으면 플레이가 힘들다. 일본 게임의 감성이 있기 때문이다.

38.
라스트 오브 어스 : 리마스터

미국 | 너티독 | 2014

-청소년 이용불가

그래픽***** 스토리***** 연출***** 음악***** 난이도*

_감상평

주인공 조엘은 엘리와 만나기 전 텍사스 오스틴이라는 곳에서 살고 있었다. 좀비 감염사태가 발생해 이곳저곳에서 사고가 일어나고 있다는 뉴스를 보는 조엘은 별일 아닐 거라고 넘기지만, 이웃집 주인이 조엘의 집을 습격하며 사건이 발생한다.

사고 때문에 다리가 부러진 딸 사라를 조엘이 안고 토미가 엄호하며 이리저리 도망치다 어느 술집에 들어선다. 토미가 문 앞에서 뒤쫓아오는 감염자들을 막는 사이 조엘은 사라를 안고 군인들이 있는 고속도로 다리로 향한다. 둘은 경계를 서던 해병대원에게 발견되지만, 군 상부에서는 이미 감염되었을 가능성을 고려해 조엘과 딸의 사살을 지시하고 해병대원은 어쩔 수 없이 명령에 따라 그들을 향해 사격한다.

결국 조엘의 딸은 군인의 총에 사망하고, 그들은 격리구역에서 지내게 된다. 그 사이 파이어플라이라는 저항군의 리더에게 엘리라는 아이를 건네받는다. 이 아이는 감염사태에서 유일하게 백신이 있는 아이라며 자신들이 있는 곳까지 데려와달라고 한다. 주인공인 조엘과 엘리는 약 1년여에 걸쳐 미국의 동부에서 서부를 횡단하는 여정을 떠나게 된다.

조엘이라는 캐릭터에 이입하여 진짜 미국의 동부부터 서부까지 마치 우리가 여행하는 것 같은 몰입감을 선사한다. 처음에는 서로 못 죽여서 안달이 나는 조엘과 엘리. 1년이라는 시간이 흐르면서 서로를 의지하고 인간적인 관계를 강요하는 모습 또한 보여준다.

감염사태의 디스토피아 세계관과 이런 세계관에서 인간이 제일 무섭다는 것을 알게 되는 게임이다.

TIP
사소한 버그들 제외하면 게임 내의 단점이 없는 완벽한 작품 중에 하나다.

39.
그랜드 테프트 오토 5

미국 | 락스타게임즈 | 2013

-청소년 이용불가

그래픽*** 스토리***** 연출**** 음악***** 난이도*

_감상평

차에서 내린 트레버는 헬기를 통해 도망가자고 제안한다. 그런데 마이클은 원래 계획대로 하자고 고집을 피우고 결국 3인방은 걸어서 도망치기로 결정한다. 그때 뒤에서 나타난 FBI 요원 데이브 노튼의 저격에 의해 브래드와 마이클이 부상을 입는다.

트레버는 몇 분간 시간을 끌며 경찰과 대치하지만 결국 계속해서 몰려드는 경찰들을 감당하지 못해 혼자 탈출한다. 트레버는 지나가던 행인을 붙잡고 헬기의 위치를 말하라며 윽박지른다. 하지만 주변에 헬기는 전혀 보이지 않는다. 결국, 트레버는 도보로 도망치고 경찰들은 그를 추격한다. 이후 마이클의 장례식이 진행된다. 데이브 노튼과 변장한 마이클은 멀리서 장례를 치르는 마이클의 가족들을 지켜본다. 저격당한 것은 속임수로 마이클은 멀쩡히 살아있었다.

그렇게 여러 시점에서 진행되는 스토리를 감상하다 보면 마지막에 한 매듭 으로 이어지게 된다.

락스타 게임즈를 현재 최고의 게임 회사 중 하나로 만들어 준 효자 게임. 신사적인 게임보다는 사람을 죽이고 차량을 파괴하고 사회를 망가뜨릴 수 있는 게임이다.

하지만 그 행동은 절대 옳다고 시사하지 않는다. 남에게 피해를 입히면 경찰이 등장하고, 그것이 심해지면 군대까지 출동하여 무조건 주인공을 죽이러 온다. 결국은 사회의 틀 안에서 살아야 한다는 것을 암묵적으로 알려주고, 사람답게 지내며 원하는 스토리를 보는 것이 게임의 복석이나.

TIP
후속작이 나오지 않는다. 버그가 심하고 게임의 표현 수위가 높기 때문에 사람에 따라서 접근성이 떨어질 수 있다.

40.
메트로 2033

우크라이나 | 4K게임즈 | 2010

-청소년 이용불가

그래픽** 스토리**** 연출**** 음악**** 난이도*

_감상평

2013년 핵전쟁이 일어난 뒤 20년이 지난 모스크바 지하철을 배경으로 삼고 있다. 어느 지하철에 살고 있는 주인공. 아르티옴을 중심으로 전개되며, 핵전쟁 이후 황폐해진 사회의 모습을 그려내고 있다. 핵전쟁과 생화학전으로 인해 인류는 사실상 피폐화되었고, 살아남은 생존자들은 그나마 안전한 대규모 지하시설인 모스크바 지하철의 역을 중심으로 일종의 작은 국가 비슷한 것을 만든다.

역마다 나름대로의 생활을 꾸려가지만, 상황은 갈수록 처절해진다. 핵 피폭과 생물학전에 의해 일그러져 기형이 된 돌연변이들은 심심하면 인간사냥을 하거나 다른 종들끼리 싸우기도 한다. 자신들과 사상이 다르다며 마구 죽여대는 붉은 라인과 제4 제국, 약탈자들만으로 모자라 이곳저곳에서 말로 설명할 수 없는 끔찍한 현상마저 일어난다.

이곳에서의 주인공 아르티움은 어린 시절 검은 존재라는 것에 대해 알게 되고 지하 메트로에서의 삶보다 지상으로 나아가는 조사팀이 되어 검은 존재를 연구하며, 또 다른 메트로를 찾게 되는 게임이다.

메트로 2033의 소설을 기반으로 만든 게임으로 원작과는 많이 다른 느낌이 있지만 그래도 세기말의 느낌과 '사람의 적은 사람이다'라는 것을 적나라하게 보여주는 표현이 대단하다. 세상의 종말에 대해 예측할 수 있고, 그것을 향해 한 걸음 다가가는 전개를 진행하고 있지만, 겸허히 받아들이는 것을 느껴보는 것은 어떨까.

TIP

게임 난이도가 굉장히 어렵기 때문에 플레이가 막혀서 하다가 그만둘 수 있다. 소설을 알면 어느 부분에서 차이가 있는지 알 수 있으므로 먼저 소설을 읽어보기를 추천한다.

Games are play, innovation, and a means for creative thinking and communication.
게임은 놀이이며, 혁신이고, 창의적인 사고와 소통의 수단이다.
- David Perry (게임개발자)

41.
젤다의 전설 : 야생의 숨결

일본 | 닌텐도 | 2017

-12세 이용가

그래픽***** 스토리***** 연출***** 음악***** 난이도****

_감상평

회생의 사당에서 상처를 치유한 링크는 누군가의 목소리에 100년이라는 오랜 잠에서 깨어난다. 하지만 너무도 긴 시간인 탓에 링크는 기억을 잃은 상태다. 과거에 대한 기억이 없는 링크는 자신이 잠들었던 기이한 방에서 나오고, 한때 하이랄 왕국이었던 거대한 초원을 발견한다. 링크는 지나가는 탐험가 노인을 만나 100년 전, 재앙 '가논'이라는 거대한 악이 나타나 하이랄을 폐허로 만들었으며, 그를 죽일 수 없었기에 대신 하이랄 성에 봉인시켜 버렸다는 이야기를 듣는다.

오랜 세월이 흐르면서 하이랄은 옛 흔적만 남게 되었다. 그러나 봉인된 상태에서도 가논은 점점 힘을 기르고 있으며, 곧 그의 힘은 봉인을 파괴할 것이다. 링크는 가논이 봉인을 깨고 나오기 전에 그를 물리쳐야 한다.

게이머라면 한 번쯤은 해봐야 하는 닌텐도 스위치의 대표작품이다. 링크가 젤다와 세계의 평화를 위해서 사람과 인연을 쌓고 모험을 하며 힘을 길러서 마왕을 무너뜨리는 판타지 세계물의 정석적 스토리를 따른다. 그 클리셰를 훌륭한 연출과 광활한 세계를 모험한다는 것으로 깊이를 추가하였다.

현실 세계에서 할 수 있는 상호작용들을 실감나게 표현했다는 것도 높은 점수를 줄 수 있다. 불을 만들면 상승기류가 생기고, 물에 번개를 치면 감전이 되는 등 젤다의 세계관에 자신이 직접 살아가고 있다는 것을 느낄 수 있다.

초기작 시간의 오카리나 이후 등장했던 오픈월드의 정수를 직접 느껴보는 것은 어떨까.

TIP

게임의 최적화된 내적인 부분보다 외적인 환경이 다소 불편한 점이 있지만, 즐기는 것에는 문제가 없다.

42.
DEVOTION : 환원

대만 | 레드캔들게임즈 | 2019

-심의 없음

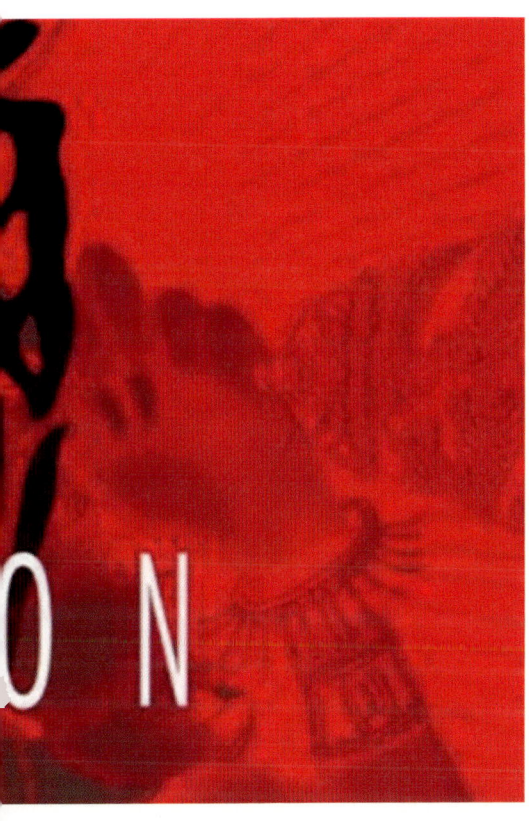

그래픽*** 스토리***** 연출***** 음악***** 난이도*

_감상평

두평위 가족은 유명 작가와 연예인 부부다. 연속된 남편의 각본 실패와 아내의 활동 때문에 형편이 어려워져 작은 집으로 이사를 가게 된다. 그럼에도 두평위는 여전히 아내에게 모든 집안일을 맡기고, 허영심으로 인해 친척들을 불러 집들이를 한다. 또한 계속된 각본 작업으로 인한 스트레스로 딸이 놀아달라고 하자 탁상을 엎어버릴 정도로 예민해져 있다.

주인공 두평위는 자신의 실패한 인생 대신 딸에 대한 기대가 크다. 학교도 못 가게 하면서 노래 대회를 준비시키는 두평위. 그것 때문에 딸은 과호흡과 불안장애를 겪는다. 이러한 병들을 약으로 처방하면서 해결하려 했지만, 도저히 안되자 두평위는 종교의 힘을 빌리기로 한다.

자고관음이라는 종교에 점점 심취하게 되는 두평위. 모아둔 돈 전부를 자고관음을 모시는데 사용한다. 점점 가정은 파탄나기 시작한다. 사이비종교 때문에 화목했던 한 가정이 어떻게 파괴되어가는지 보여주는 게임이다. 타이완에서 만든 명작이지만, 게임 내의 사건 때문에 현재는 구입할 수 없는 작품이다.

심리적으로 의지할 곳이 필요한 사람들이 사이비종교에 심취하는 경우가 많다. 하지만 맹목적인 종교 심취는 가족 간의 신뢰도가 깨지게 되어 더욱 사이비종교에 파묻히게 되기도 한다. 현실에서도 나타나는 문제다. 하지만 그로 인한 상처도 사람과 사람 간의 신뢰감으로 회복할 수 있다는 것을 보여준다.

모든 사건이 끝난 후 흘러나오는 노래는 자신에게 어떤 행동을 해도 부모를 사랑할 수 있는 자식의 마음을 조금은 이해할 수 있게 한다.

TIP
현재는 게임을 구매할 수 없기에 영상으로만 감상할 수 있다.

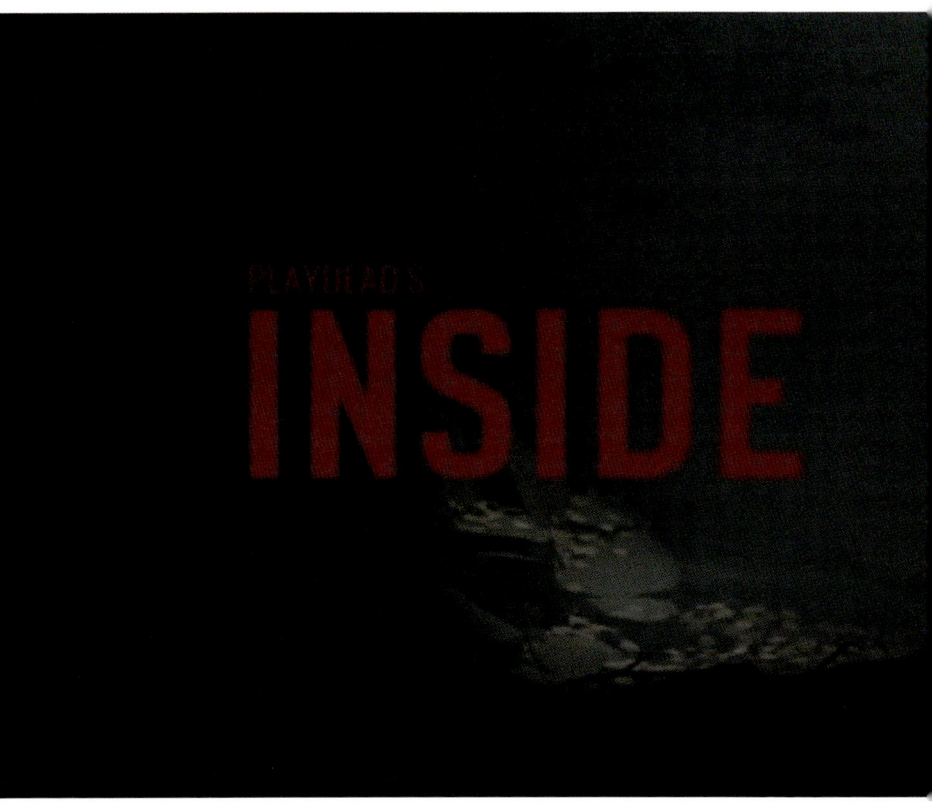

43.
인사이드

덴마크 | 플레이데드 | 2016

-청소년 이용불가

그래픽** 스토리*** 연출***** 음악*** 난이도*

_감상평

절벽에서 소년이 빠져나오면서 게임이 시작된다. 주인공은 숲을 통과하면서 추격자들의 추격을 피하며 도망친다. 숲에서 옥수수밭을 지나가며 구더기 같은 기생충에 감염된 돼지와 돼지 사체들이 널부러진 농가를 지나, 한때 사람이 살던 흔적이 남은 도시로 향한다.

건물 내부 물에 잠겨있는 공간에 들어서는 주인공. 엄청나게 긴 머리를 늘어뜨리고 헤엄치며 주인공을 발견하면 죽이려고 하는 괴물을 만나게 된다. 그리고 길을 걷다 수조가 있는 연구실로 가게 된다. 그곳을 내려보던 주인공은 그 수조로 몸을 던진다

거대한 수조에 들어갈 때의 충격으로 그간 주인공이 입고 있던 빨간 티와 바지가 벗겨져 알몸 상태가 된다. 그곳에서 주인공이 본 것은 수십 명의 인간이 찰흙처럼 서로 달라붙어 있는 융합체였다. 그것을 잡아두던 구속 장치를 떼어내려던 순간, 융

합체가 주인공을 잡아 끌어들인다. 결국, 주인공 또한 그 융합체에 달라붙어서 한 몸이 된다.

흑과 백으로 표현한 그래픽과 무미건조한 세상에 자유의지를 가진 채 돌아다니는 주인공을 비추며 계속해서 차가움과 건조함을 표현한다. 대롱대롱 매달려 있는 사람, 일정 간격으로 걸어가는 사람 등 복잡한 세계에 자신을 맞추는 사람들을 보며 섬뜩함마저 느낄 수 있다.

냉혹한 도시에서 벗어나 도망치지만, 결국 바닷가 한가운데 덩그러니 떨어진 채 그대로 방치되는 주인공. 그것은 자유를 위한 도피인가, 아니면 그저 현실에서 눈을 돌리는 방관인가 상념에 빠지게 되는 게임이다.

TIP
일부 섬뜩한 표현이 존재할 수 있기에 사람에 따라 주의가 필요하다.

44.
바이오쇼크 : 인피니트

덴마크 | 플레이데드 | 2016

-청소년 이용불가

그래픽***** 스토리**** 연출***** 음악***** 난이도***

_감상평

비바람을 헤치며 등대에 도착하는 주인공 부커 드윗. 누군가를 찾기 위해 등대에 올라간다. 그런데 갑자기 등대 문이 닫히고 내부에 다른 문이 열린다. 밖으로 나갈 수 없었던 부커는 의자에 앉는데, 순간 손이 결박되고 발사 준비라는 시스템의 대화가 나온다.

당황해하는 부커 뒤로 등대의 머리 부분이 하늘로 승천한다. 잠시 비행하던 등대는 구름을 뚫고 할렐루야라는 대사와 함께 재커리 헤일 컴스탁이라는 설립자에 의해 만들어진 공중도시 컬럼비아에 도착한다. 그곳에서 엘리자베스라는 여자를 찾는 부커.

전도를 하던 목사는 경찰을 불러 부커를 거짓 양치기로 몰아 죽이려 한다. 부커는 반격하여 경찰을 죽이고 엘리자베스를 찾으러 다닌다. 결국, 한 건물에서 엘리자베스를 찾은 후 컬럼비아에서 도망치는 것이 게임의 스토리다.

다중 우주라는 것을 채용한 스토리로 전작인 바이오쇼크 1과 2의 스토리를 완벽하게 연결함과 동시에 시리즈를 종결시키는 작품이다. 엘리자베스라는 말괄량이 아가씨와 함께 하는 모험일기. 점점 시간이 지나며 서로에 대한 신뢰감이 쌓이고 종국에는 가족과 비슷한 유대감마저 느끼는 사이로 발전한다.

하지만 전제군주제 컬럼비아를 없애기 위해서는 근본적인 원인을 해결하지 않으면 사라지지 않고, 이곳에서 다중 우주라는 설정이 들어간다. 분명 좋은 내용이지만 시리즈에 어울리지 않는다는 혹평 또한 존재한다. 하지만 전작에 대한 예우와 깔끔한 마무리가 인상적인 훌륭한 작품이다.

TIP

잔인한 표현이 많이 나온다. 다중 우주라는 세계관을 채용하여 스토리가 중간에 꼬이는 순간 무슨 소리 하는지 이해가 안 되는 문제점이 존재한다.

45.
포탈 2

미국 | 밸브 | 2011

-12세 이용가

그래픽*** 스토리*** 연출***** 음악*** 난이도*****

_감상평

배경은 포탈로부터 매우 오랜 시간이 지난 후이며, 폐허가 되어버린 애퍼처 사이언스에서 시작한다. 또한, 전편에서 파괴된 GLaDOS가 부활하며 주인공 역시 전편의 주인공인 첼이다.

애퍼처 사이언스에 돌아오게 된 첼은 또다시 GLaDOS의 실험에 반 강제로 참가하게 되고, 탈출 전에 사용했던 포탈건을 사용하여 그녀가 새롭게 만들어낸 테스트실에서 치열한 두뇌 싸움을 벌이게 된다.

밸브의 성공작 중 하나로 차원을 자유롭게 이동하는 퍼즐 플랫포머의 대표 작품으로 전작보다 더욱 심도있게 진화한 것이 특징이다.

사운드트랙 또한 좋아져서 단순한 퍼즐을 진행하면서도 몰입감 있는 플레이를 선사하고 친구와 함께 진행하여 머리를 맞대는 즐거움 또한 추가되었다.

매력적인 빌런과 조력자들 또한 등장하여 게임의 즐거움을 더한다. 더욱 진화한 퍼즐 난이도가 이러한 즐거움에 정점을 찍어준다. 퍼즐 플랫포머를 좋아한다면 한 번 해봐야 하는 작품이다.

TIP

퍼즐의 밸런스가 잘 구성됐지만, 퍼즐을 싫어하거나 잘하지 못하는 사람들은 약간 어려울 수 있다. 그 부분을 제외하고는 큰 단점은 없는 작품.

46.
스탠리 패러블

미국 | 데이비드 리든 | 2011

-12세 이용가

그래픽*** 스토리***** 연출***** 음악*** 난이도*

_감상평

커다란 빌딩 안에 있는 어느 회사에서 고용 번호 427번으로 일하는 스탠리. 컴퓨터로 지시가 내려오면 키보드의 키를 누르면 되는 단순 반복적인 일을 하고 있다. 그런데 어느 순간부터 상부에서 지시가 내려오지 않고 스탠리는 불안을 느낀다

게임이 시작하자마자 내레이터가 상황을 설명해 준다. 스탠리라는 주인공은 그 나레이션에 따라 움직일 것인지 아니면 자신의 의지대로 움직일 것인지를 정해야 한다. 하지만 하는 행동에 따라 계속해서 나레이션이 여러 가지 대사를 꺼내면서 자신의 지시를 따라야 한다고 말한다.

회사의 업무 중지에 이상함을 느낀 스탠리는 나레이션의 말을 따르거나 거부하면서 사무실 밖으로 나가려고 하는 것이 주된 게임의 내용이다.

장장 2년이라는 개발 기간과 함께 플레이어를 플레이하는 게

임이라는 평을 듣는다. 게임 내에서 생각할 수 있는 여러 가지 플레이들과 나레이션이 방향성을 정해주지만 그것을 따라가지 않는 반항성까지 캐치하는 독특한 게임성을 자랑한다.

기타 스토리성 게임과는 다른 독특한 진행방식을 가지는데, 나레이션의 반응을 보는 것 또한 하나의 즐거움이라고 봐도 된다. 그저 게임에서 하는 말을 그대로 따라갈 것인가? 아니면 자신의 의지대로 게임을 개척해나갈 것인가? 선택은 자신의 몫이다.

TIP
엔딩이 다양하고 반복 플레이를 하다 보면 단조로움에 지겨울 수 있다.

47.
림보

덴마크 | 플레이데드 | 2010

-15세 이용가

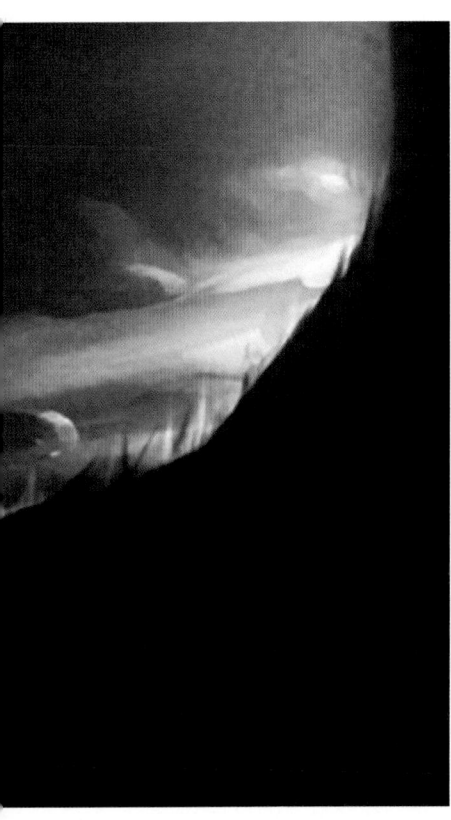

그래픽*** 스토리***** 연출***** 음악**** 난이도***

_감상평

주인공은 죽은 누이를 그리워하며 어느 물가에 쓰러져 있다. 몸을 세운 주인공은 자신의 누이를 찾기 위해서 회색빛의 어느 장소로 몸을 옮긴다. 그 과정에 미쳐 날뛰며 사람을 죽이는 사람, 침입자를 죽이기 위한 함정 장치, 거대 거미 등 여러 위험이 도사리고 있다.

종국에 도착한 곳에서 누이를 찾게 되지만 공장 천장에 꽂혀 있는 기생충들 때문에 누이에게 다가가지 못하고 결국 또 다시 헤어지게 된다. 마지막에 소년은 결국 기력을 다해 쓰러지며 누이와 함께 생을 마감한다.

게임 제목인 LIMBO의 사전적 의미는 지옥의 변방(가톨릭)이다. 즉, 지옥과 천국 사이에 있으며 그리스도교를 믿을 기회를 얻지 못했던 착한 사람 또는 세례를 받지 못한 어린이, 백치 등의 영혼이 머무는 곳이다. 알기 쉽게 말하면 어린아이들이 일찍 죽어서 가게 되는 생과 사의 경계이다.

게임상에서는 직설적으로 상황을 표현하는 경우는 드물고 주로 상징적이거나 은유적인 연출을 보여준다. 이 때문에 팬들 사이에서는 여러 가지 논쟁과 설이 오가고 있다. 이런저런 해석은 많지만, 제작자들이 밝힌 내용은 없기에 확실한 건 없다. 따라서 스스로 플레이하면서 자신만의 해석을 하면 된다.

흑과 백이 존재하는 화면, 그곳에서 의미를 찾아가는 즐거움은 색다른 경험이 될 것이다.

TIP
직선형 게임이기 때문에 해당 게임에 어려움을 느끼거나 섬뜩함을 어려워하면 게임이 어려울 수 있다.

48.
역전재판

일본 | 캡콤 | 2001

-12세 이용가

그래픽** 스토리***** 연출***** 음악**** 난이도***

_감상평

대학교 졸업 이후 사람을 구하기 위해서 변호사가 된 나루호도. 소꿉친구를 구하기 위해 데뷔한 첫 재판에서 승소한다. 그러나 그 직후 치히로가 사망하고 그녀의 동생 아야사토 마요이가 피고인으로 몰리는 충격적인 사건이 발생한다.

나루호도는 그 사건을 조사하다가 진짜 범인에게 구타당하고 이튿날에는 권력에 의해 나루호도 자신이 피고인으로 몰린다. 진범은 변호사 협회에도 영향력을 행사하고 있어서 국선 변호사도 자신의 편이 돼주지 않을 게 뻔하다. 결국, 자기가 자신을 변호하기로 한 나루호도. 자신 외의 법조인이 모두 한통속인 막막한 상황에서도 논증의 힘으로 방청객을 자신의 편으로 만들어 선전한다. 그러나 미츠루기의 도움으로 진범이 논증에서 빠져나가려 해 궁지에 몰린다. 그 순간 나타난 마요이에게 영매된 치히로의 지원으로 상황을 역전하고 진범을 붙잡아 넣는 것으로 사건을 일단락한다. 그렇게 여러 사건을 해결하며 변호사로 성장해 나아가는 게임이다.

법조 게임의 한 획을 긋는 작품으로 분명 우연에 기대는 부분도 존재하고 이후 작품에선 영매라는 판타지적인 요소 또한 포함되지만, 현존하는 게임 중에서는 가장 성공한 법조 게임이라 해도 무방하다. 주인공 나루호도는 여러 살인 사건 등을 맡아가면서 처음에는 다소 우연에 기대지만 점점 전문가의 면모를 가지며 사람들을 변호한다. 물론 실제 법조인의 행동과는 차이가 크지만, 간접적으로 체험해 볼 수 있다는 점에서는 색다른 즐거움이 있다.

호쾌한 '이의 있음!'을 외치면서 사람들을 구해보는 느낌을 상상해 보라.

TIP

법조 게임이라고는 하지만 전문성보다는 재미로 접근해야 한다. 진지하게 따지고 들어가면 온전하게 즐기기 어렵다.

49.
슈퍼 마리오 오디세이

일본 | 닌텐도 | 2017

-전체 이용가

그래픽***** 스토리** 연출***** 음악***** 난이도*

_감상평

비공정에서 쿠파와 맞서고 있는 마리오. 피치 공주를 구하기 위해 최선을 다하는 마리오지만, 결국 비공정 밖으로 튕겨 나가게 되고 모자를 잃어 힘을 쓰지 못한다.

지상에 도착한 마리오는 말을 하는 모자를 만난다. 쿠파의 비공정을 쫓기 위해 달을 연료로 하는 비행선을 이용해 사막, 도시, 바다 등을 여행하며 쿠파를 쫓기 위한 여정을 떠난다.

닌텐도 스위치의 명작 중의 하나, 마리오의 ip를 극한으로 활용한 어드벤쳐 장르다. 여러 지형과 상호작용을 아름답게 표현하여 진짜 모험하는 느낌을 얻을 수 있다.

오디세이는 여태까지의 3D 마리오 게임들보다도 더욱 '탐색'을 부각시킨다. 오디세이의 중요 골 요소인 파워문은 이전 골 요소와 달리, 셀 수 없이 많고 방대하게 숨겨져 있어 플레이어의 탐색 욕구를 제대로 끌어 올려준다.

이는 샌드박스 스타일 마리오 게임이 추구하는 바를 잘 살린 것으로 샌드박스 마리오 게임은 2D 마리오 게임과 달리 일직선이 아닌 방대한 하나의 스테이지를 탐색함으로써 어? 이건 이렇게 하면 될 것 같은데? 라는 생각으로 특정 오브젝트를 건드리면 플레이어들이 생각하는 대로 되도록 스테이지를 설계해 두어 탐색하는 맛을 지속적으로 느낄 수 있게 돕는다.

마리오 시리즈의 팬이라면 꼭 한 번쯤은 즐겨봐야 하는 작품 중에 하나다.

TIP

올 클리어를 노린다면, 사실상 엔딩 후 지금까지 이상의 분량을 플레이해야 하는 것이라 이 점이 꽤 압박감으로 다가올 수 있다. 엔딩 후 컨텐츠답게 난이도가 꽤 높다 보니 플레이 시간은 더욱 길어진다. 따라서 이런 파고들기 컨텐츠를 좋아하면 호일 것이고, 싫다면 불호.

50.
컬트 오브 더 램

미국 | 매시브몬스터 | 2022

-15세 이용가

그래픽*** 스토리*** 연출*** 음악*** 난이도***

_감상평

죽음의 신들에게 제물이 되어가는 주인공 양. 꼼짝없이 산 제물로서 죽음을 맞이하려는 순간 다른 사후세계로 빨려 들어간다. 그곳에서 자신은 죽음의 신들보다 더 높은 자라고 소개하는 이를 만난다. 그는 자신을 숭배하는 종교를 만들어 세력을 넓히면 힘을 주겠다는 약속을 하며 주인공 양에게 위기를 극복할 힘을 준다.

자신을 처형하려는 처형자들을 모조리 없애버린 주인공. 지상으로 올라와 자신을 살려 준 신을 숭배하는 종교를 세운다. 신자들을 모아 점점 세력을 불리고 자신을 죽이려 했던 죽음의 신들을 직접 죽이며 종교 세력을 키워가는 게임이다.

전투를 통해 경영에 필요한 자원을 얻는 것으로 '성장'과 '경영'의 재미를 확실히 챙길 수 있다. 운영의 핵심 요소는 성전을 통한 파밍과 신도들이 수급하는 재료로, 전투를 해서 자원을 모을수록 마을은 발전하고, 마을과 신도가 많아질수록 어린

양의 전투력도 강화된다.

특유의 아기자기한 디자인으로 진입장벽을 낮춘 것도 큰 호평인데, 이러한 장르에서 매번 우려먹는 크툴루나 코즈믹 호러의 요소들로부터 오는 압박감이나 분위기에 휩쓸리지 않고 즐길 수 있는 게임으로서는 성공했다고 볼 수 있다.

로크라이크 특유의 '한 번 하고 나면 해금 빼고 남는 게 없다'는 단점을 해금 요소늘이 식접 느껴지는 경엉 시뮬레이션과 맞물리는 시도 자체도 신박하다는 평이 많다.

TIP
여러 가지 요소를 섞은 만큼 한 우물만 파는 게이머들에게는 호불호가 갈리는 게임이다.

In the world of gaming, participating is more important than winning.
게임 세계에는 이기는 것이 아니라 참여하는 것이 가장 중요하다.

- Mike Krahulik (웹툰 작가)

51.
할로우 나이트

미국 | 팀체리 | 2017

-12세 이용가

KNIGHT

그래픽**** 스토리*** 연출*** 음악**** 난이도****

_감상평

주인공은 지상의 한 장소에서 영문도 모른 채 기절해있다가 정신을 차린다. 그는 자신이 가지고 있는 검 한 자루를 들고 앞으로 나아간다.

주인공은 NPC들에게 기사라고 불리게 된다. 잊혀진 교차로에 도달한 기사는 무수한 시체들과 미쳐버린 벌레들로 가득한 신성둥지의 폐허를 목도하게 되며, 교차로 중앙에 위치한 거대한 신전이나 왕국 곳곳을 연결하는 정거장과 노면 전차 등을 탐험한다.

기사는 어떠한 장소를 탐험하던 중 붉은 옷의 '호넷'을 만난다. 호넷은 수수께끼의 벌레 봉인이 풀리면 안된다는 말을 하고 다시 도망친다. 하지만 기사는 그 이야기를 흘려들은 채 탐험을 이어간다.

다시 호넷과 만나게 된 기사. 기사의 역할을 다하고 싶다면 재에 덮인 무덤으로 오라는 말과 함께 호넷은 모습을 감춘다. 기사는 그 말을 듣고 계속 발길을 옮긴다.

2D 플랫포머 게임의 정석이라고 표현할 정도로 수려한 그래픽과 훌륭한 레벨 디자인 등으로 호평이 많은 게임이다. 새로운 지역을 탐험하는 것에 즐거움이 있고 스토리를 파헤쳐가면서 진실에 다가가는 흥미 또한 높다.

부드럽고 귀여운 그림체와 화려한 액션이 묘하게 어울린다.

TIP

게임 난이도가 제법 높다. 스토리를 100% 알려주지 않기 때문에 스토리를 알고 싶다면 직접 찾아봐야 하는 번거로움이 있다.

52.
소녀전선

중국 | MICATEAM | 2016
-15세 이상 이용가

그래픽** 스토리|**** 연출*** 음악**** 난이도***

_감상평

그리폰&크루거에 입사한 주인공은 출근 이후 주위 잡병들만 잡으면 된다는 카리나와 함께 훈련에 임한다. 훈련 도중 지휘관은 스텐 MK.II을 만나 그녀를 회수하고, 헬리안의 지시로 인근 지역에서 날뛰는 철혈 부대의 제압을 맡는다.

헬리안이 하달한 임무를 수행하던 지휘관은 중요한 정보를 알고 있는 인형을 구출하라는 지시를 받고, 구출 이후에는 스케어크로우라는 철혈 인형의 제압 임무까지 떠맡는다.

인형들의 구출과 더불어 철혈 인형까지 제압한 주인공이지만 갑자기 임무는 중단된 채 주위의 자질구레한 일들만 처리하게 된다. 그렇게 하루하루를 보내던 도중 16LAB의 페르시카라는 과학자가 찾아와 AR 소대의 일원 M4A1을 회수해 달라고 한다. 일련의 사건 이후 앞으로 대장정의 시작을 알린다.

한국 서버 기준으로 약 6년간 운영 중인 장수 모바일 게임이다.

1세대 미소녀 수집 모바일 게임으로 알려져 있으며 초기에는 아쉬운 게임성과 개발사의 부족한 운영 능력, 과도한 경쟁심리 부여 등으로 논란이 있었지만, 이후에 많은 부분을 개선함과 특정 유저에게 어필을 성공한 마이너 게임으로 자리 잡았다.

이후 게임뿐만 아니라 애니메이션, 코믹스 등 여러 가지 미디어믹스를 이용해 계속해서 이름을 날리고 있다. 다른 게임과의 콜라보도 적극 활용하며 인지도를 높이는 것 또한 독특한 부분 중에 하나다.

TIP
게임이 오래되다 보니 스토리를 보거나 게임을 하는 데 있어서 오랜 시간이 걸리고, 모든 콘텐츠를 매번 즐기기 어려울 수 있음

53.
스타듀벨리

미국 | 콘서드에이프 | 2016

- 전체 이용가

그래픽*** 스토리*** 연출*** 음악**** 난이도*

_감상평

조지 주식회사에서 고단한 회사 생활을 하던 주인공. 어느 날 어릴 적 할아버지가 삶이 힘들고 지칠 때 열어보라는 편지를 읽는다. 편지에는 할아버지가 과거에 살던 농장에서 새 삶을 시작하라는 내용이 적혀있었고, 주인공은 한적한 지역인 스타듀 밸리의 펠리컨 마을로 이사를 오게 된다.

펠리컨 마을에서 주인공은 할아버지에게 받은 땅에서 농사를 짓고 사람들과 교류하며 점점 펠리컨 마을에 동화되어 가는 게임이다.

1인 인디 게임이 제작할 수 있는 게임 중 최고의 인디 게임이라 해도 무방하다. 보통 게임 제작에는 음악과 비주얼 부분은 누군가의 도움을 받기 마련인데 스타듀벨리는 모두 혼자서 개발했다는 점이 특징이다.

대사량과 이벤트도 많고 게임의 볼륨 자체도 굉장히 크다. 농장 경영이라는 탈을 쓰고 있지만, 사람과의 교류와 스토리가 기반이기 때문에 시뮬레이션 게임이라는 느낌도 준다.

하드 게이머뿐만 아니라 게임을 가볍게 즐기는 사람들에게도 이러한 점이 크게 작용하여 부담 없이 접근할 수 있다. 게임을 깊게 파고들고 싶은 사람들은 파고들기 형식을 채용하였기에 농장을 경영하며 힐링을 해보는 것도 재미있을 것이다.

TIP
게임의 내용이 농장 경영, 사람과의 만남이 전부라서 자극적인 맛을 원하는 사람에게는 비추천.

54.
하프라이프-알릭스

미국 | 밸브 | 2020

-심의 없음

그래픽***** 스토리***** 연출***** 음악**** 난이도*

_감상평

하프라이프 2 : 에피소드 2 시점에서 5년 전, 어느 건물의 옥상에서 알릭스 밴스는 콤바인을 정찰하다 아버지 일라이 밴스의 연락을 받는다. 일라이는 기술자인 러셀 및 반시민군들과 함께 콤바인의 소형 반응로를 습격해 반시민 수용소를 마련하는데 성공한다. 알릭스는 콤바인 병력이 지금까지 버려져 있던 격리구역 부근에서 이동하고 있다고 알려준다

알릭스는 어떻게든 러셀의 은신처로 찾아가고 러셀은 콤바인이 일라이를 기차에 태워 노바 프로스펙트로 데려가 고문할 것이라고 말한다. 그리고 은신처 뒷편에 러셀이 원격으로 조종하는 기차와 일라이가 타고 있는 기차가 페어뷰 교차로라는 곳에서 만나게 될 것이라며 그곳에서 일라이가 타고 있는 기차를 막을 계획을 세운다. 그는 중력 장갑과 권총을 주고 기차에 오른다.

VR 게임의 한 획을 긋는 작품으로 아직도 VR 게임하면 회자

되는 게임 중 하나다. VR 게임의 한계와 즐거움을 극한까지 뚫어버리며 유저들의 VR 게임에 대한 기대감을 엄청나게 올려버린 게임이다.

하지만 게임이 너무 잘 나온 탓에 이후에 등장하는 VR 게임들이 모두 기대 이하라는 평가가 나온다. VR 시장의 진화를 못하게 하는 게임이라는 우스갯소리도 존재한다. VR 기기를 가지고 있다면 반드시 해봐야 하는 이 시대의 명작 중 하나다.

TIP

게임의 내용이 농장 경영, 사람과의 만남이 전부라서 자극적인 맛을 원하는 VR 기기라는 약 50만원 가량의 비싼 값을 지불해야 하는 것이 1차 장벽이고, VR이 멀미를 일으킨다는 문제가 있어서 사람에 따라 플레이가 힘들 수 있다.

55.
타이탄 폴 2

미국 | 리스폰엔터테이먼트 | 2016

-청소년 이용불가

그래픽**** 스토리*** 연출**** 음악**** 난이도***

_감상평

지금으로부터 먼 미래 모험심으로 가득 찬 인류는 우주 개척을 실현하게 된다. 태양계 행성 주변을 시작으로 여러 행성을 개척한 인류는 수많은 가능성을 지닌 이곳을 프론티어라고 부른다.

이러한 성간 개척 사업을 하게 된 기업의 이름은 IMC. 잠시 프론티어 개척민들을 지원했지만, 점점 사라져가는 프론티어의 관심도와 더불어 지구의 대외비적 사건으로 인해 프론티어에 대한 지원을 중지한다.

지원이 끊긴 프론티어 개척지는 결국 살길을 찾기 위해 자신들만의 문화를 만들어나가기 시작한다. 하지만 멸망해가고 있는 지구는 에너지가 부족해지자 다시 프론티어의 식민지를 넘본다. 지구는 프론티어에 함대를 파견해 무력을 행사하거나 에이펙스 프레데터라는 용병들을 이용해 프론티어를 약탈해 나간다.

당하고만 있을 수 없던 식민지에서는 민병대와 타이탄이라는 로봇을 운영하기로 한다. 그곳에서 주인공과 주인공의 타이탄 BT가 함께하며 난관을 이겨내는 스토리다.

속도감 있는 액션, 사람과 유대감을 쌓는 로봇, 그 사이에서 얽히고 설키는 복잡한 인간들의 사연이 단순한 총 게임이라고 하기에는 깊이 있는 스토리 게임이다. 특히 타이탄 BT의 성우가 잘 어울려 하이라이트에 이르러서 감정선을 고조시키는 좋은 캐스팅으로 손꼽힌다.

TIP
총을 무기로 다루는 게임이다 보니 굉장히 어지러워 3D 멀미가 있는 사람은 100% 즐기기 어렵다.

56.
명일방주

중국 | 하이퍼그리프 | 2019

-12세 이용가

그래픽*** 스토리*** 연출*** 음악**** 난이도*****

_감상평

체르노보그의 핵심 구역, 소녀는 잠들어 있던 '주인공'을 깨우게 된다. '아미야'라는 이름의 소녀는 주인공에게 현재 상황을 설명하려 하지만, 감염자들의 세상을 만들기 위해 난폭한 행위를 하는 '리유니온'이라는 조직에게 습격 당하게 된다.

아미야라는 소녀의 일원 중 도베르만이 팀을 이끌고 와준 덕분에 위기를 벗어날 수 있었던 박사 일행. 아미야는 로도스 아일랜드의 지원 관리 시스템인 PRTS로 부터 통신을 받게 되고, 박사는 다시 한번 이 시스템에 접속할 수 있게 된다.

그렇게 눈앞에 있는 적들을 해치워 나가지만 이후로도 전투를 반복하며 나아가던 주인공 일행의 앞에 다시 한번 따라잡은 리유니온들과 새로 등장한 리유니온 간부, 메피스토와 파우스트가 공격해 오는데, 이를 동료의 합류로 간신히 돌파하며 리유니온이 장악한 구역에서의 이탈에 성공한다.

여러 난관을 겪은 후 다시 제약회사 로도스 아일랜드 지상함으로 복귀하며 이야기가 시작된다.

모바일 타워 디펜스 RPG라는 특이한 장르로 사람들에게 시선을 끌었던 작품이다. 출시 당시에도 마이너 한 장르로 큰 이목을 끌지는 못했었다.

하지만 이후 메인 프로듀서의 독특한 감성으로 '훌륭한 BGM'과 더불어 '무슨 일이 벌어지는지 잘 모르겠지만 일난 멋있어'라는 감성을 잘 살려 특정 유저층에게 확실한 어필을 하였다.

TIP

모바일 게임의 특성상 개인의 선택에 따라서 어느 정도의 금액을 투자해야 한다. 스토리가 재미는 있지만 난해한 부분이 존재하기 때문에 인터넷의 도움을 받아야 할 수도 있다.

57.
아웃라스트

미국 | 래드배럴스 | 2013

-청소년 이용불가

그래픽**** 스토리*** 연출**** 음악*** 난이도***

_감상평

게임은 한 남자의 시선으로 시작된다. 그 남자의 이름은 마일즈 업셔, 특종을 노리는 기자다. 그는 익명의 제보를 받게 되는데 한 정신병원에서 끔찍한 일이 자행되고 있고 그곳을 취재해 세계에 알려달라는 메일을 받는다.

특종을 독점하기 위해서 마일즈는 홀로 병원으로 향한다. 하지만 그곳은 경비실도 비어있고 병원 문은 굳게 닫혀있는 상태. 결국, 마일즈는 병원에 무단으로 잠입한다. 병원에는 통제되지 않는 환자들과 쓰러져있는 무장 요원들이 있다. 이에 이상함을 느낀 마일즈는 병원을 이곳저곳 탐색한다.

그 사이 거구의 정신병자에게 습격당해 2층에서 떨어지게 되고 공포심에 사로잡힌 마일즈는 병원에서 탈출하기 위해 도망친다. 하지만 누군가 나타나 주인공을 납치해 주사를 놓자 그는 기절한다. 정신을 차린 주인공 앞에 보이는 희미한 형체의 남성. 그는 월라이더라는 존재를 되살려야 한다는 말을 한다.

윌라이더와 정신병원의 진실을 파헤치는 게임이다.

영화 R.E.C.와 비슷한 형태로 진행하는 게임. 적에게 저항할 수 없고 무조건 도망쳐야 하는 일반인의 몸으로 어떻게 병원의 비밀을 파헤치며 진실에 닿을 수 있는지 흥미진진하게 즐길 수 있는 게임이다.

공포 게임의 진수로 숨 막혀올 듯 조여오는 게임. 정신병자들의 압박과 언제든지 죽을 수도 있다는 긴장감을 통해서 사람들에게 몰입감을 선사한다. 내가 직접 게임 속에 있는 듯한 느낌을 주며 게임에 자연스럽게 집중할 수 있게 해준다.

TIP
3D 울렁증이 심한 사람들은 입문하기가 힘들며, 공포 게임이기 때문에 장르적으로 호불호가 갈린다.

58.
더 포레스트

캐나다 | 앤드나이트게임즈 | 2018

-청소년 이용불가

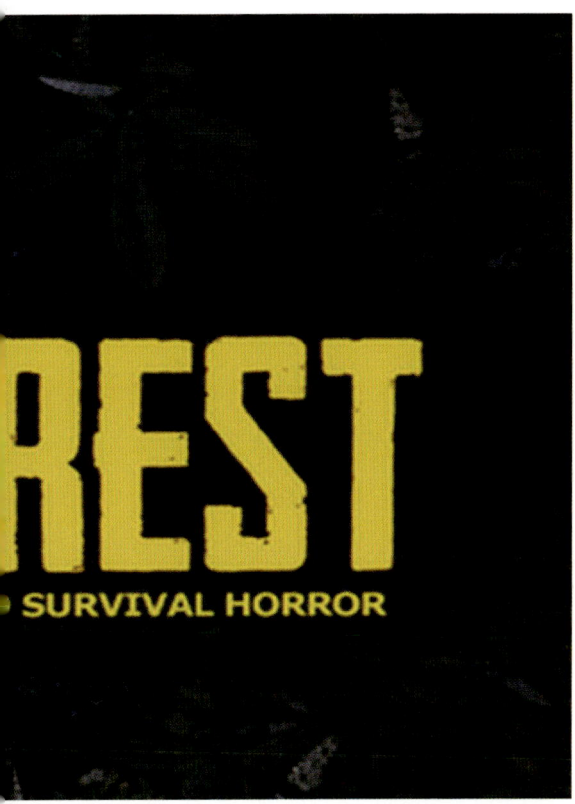

그래픽*** 스토리*** 연출**** 음악*** 난이도***

_감상평

아들과 여행을 떠나기 위해 비행기에 타고 있는 주인공. 하지만 바다 한가운데에서 의문의 전자파 공격을 받아 비행기는 무인도 한복판에 추락한다. 모든 사람이 죽고 자신과 아들만 살아남았다. 하지만 아들은 원주민들에게 납치당해 어딘가로 끌려간다. 정신을 차린 주인공. 아들을 찾기 위해, 섬의 진실을 알기 위해 무인도에서 살아남기 위한 여정을 떠난다.

섬의 동굴을 탐험하다 정체불명의 문들을 목격하는 주인공. 이 중 3개의 문은 섬 중앙의 거대한 싱크홀로 통하는 길목에 있고, 또 하나의 문은 십자가들이 박혀있는 벽을 향해 기도하는 자세의 시체들이 있는 동굴로 통한다. 미개한 원주민들이 만들었을 리 없는 구조물의 조형에 주인공은 의문을 표한다.

이후 그는 동굴의 끝으로 가는데 건물 안으로 들어가자 과학적이고 현대적인 건물들의 집합체들이 존재하는 장소에 도착한다. 그렇게 일련의 사건 이후 끝을 향해 나아간다.

무인도를 탐험하여 생존하는 게임에서 이후 무인도의 진실을 밝히는 말끔한 엔딩으로 호평을 받았다. 식인종의 습격을 직접 막아내면서 생존하는 게임으로 정평이 났지만 나름대로 숨어 있는 스토리와 더불어 여러 가지 상호작용들 또한 일품이다.

하지만 게임 내에서 여러 상황에 따른 세밀한 깊이감이 부족하다는 혹평도 있다. 이 기회에 무인도에 도착해 여러 비밀을 파헤쳐보는 모험은 떠나보는 것은 어떨까.

TIP

할 것도 많고 스토리 파헤칠 것도 많은데 깊이감은 부족하다는 느낌이 있다. 후속작을 모두 경험해봐야 어느 정도 게임 이해를 할 수 있다.

59.
데이브 더 다이버

대한민국 | 민트로켓 | 2023

-12세 이용가

그래픽*** 스토리**** 연출*** 음악*** 난이도**

_감상평

평범한 삶을 살고 있었던 데이브. 그는 과거의 친우였던 자가 자신과 협업을 해보지 않겠냐면서 제안을 해오는 것을 처음에는 꺼림칙 했지만 이후 초밥집을 운영하는 흑인 반쵸의 결의를 보고서는 직접 다이브를 해 생선을 잡아 오겠다는 계약을 한다.

그렇게 평온한 하루를 보내는 도중 한 남자가 와서 이 심해에는 과거에 어인들이 살았다는 얘기를 하며 그 유물들을 모아달라는 의뢰를 건넨다. 처음에는 말도 안 되는 얘기라며 반신반의한 채 다이브를 하는 데이브. 점점 깊은 수심으로 내려가는 데이브의 눈에 정말 어떠한 유물이 보이는데 그 유물을 잡으려 하자 초거대 오징어 크라켄의 눈이 데이브를 주시하다 사라진다.

잠수에서 나온 데이브는 심해에 거대한 무언가를 봤다고 말하지만, 모두가 믿지 않고 데이브는 꺼림칙한 마음을 가진 채 초밥집을 운영하기 위해 계속해서 다이브를 한다.

넥슨의 민트 로켓에서 만든 국내 게임사도 이런 게임 만들 수 있다고 자랑스럽게 내놓은 작품이다. 다이브를 해서 생선을 모아 초밥집을 운영하는 타이쿤 게임의 기본 형식을 갖추고 있지만, 농장 운영, 심해 생물과의 전투, 각종 미니게임 등 여러 가지 장르를 넣어서 잘 버무린 게임이다.

뛰어난 그래픽과 엄청난 연출이 범람하는 요즘 시기에 두박한 도트와 그에 맞는 게임성을 선사하며 힐링 게임으로 자리 잡았다.

TIP
우두머리만을 잡는 게임 진행방식으로 본인의 실력이 부족하면 스토리 진행하는 것이 힘들 수 있음.

60.
리틀 나이트메어

스웨덴 | 타르시어스튜디오 | 2017

-15세 이상 이용가

그래픽**** 스토리**** 연출**** 음악*** 난이도***

_감상평

게임의 배경은 목구멍이라 불리는 잠수함이다. 총 5개의 챕터로 이루어져 있으며 추격자가 한 명씩 배치되어있다.

쓰러져있던 주인공이 깨어난 장소는 바로 목구멍. 주인공은 이곳을 탈출하기 위해 밖으로 나간다. 하지만 거머리들과 감시카메라 역할을 하는 기계들이 주인공을 막아선다. 겨우 감옥에서 빠져나온 주인공은 다른 소굴로 들어간다. 그곳에는 앞을 못 보는 간수가 있지만 작은 소리에 반응해 주인공을 계속해서 추격한다.

추격을 뿌리치고 어느 주방에 도착한 주인공. 눈앞에 있는 쥐를 먹고 힘을 내서 앞으로 나아간다. 이번에는 한 여자의 방으로 들어간다. 그곳에서 거울을 이용하여 여자를 제압한다. 싸움이 끝난 주인공은 다시 허기를 느끼고 쓰러진 여자의 목을 물어뜯는다.

주인공은 여자의 초능력을 이어받고 감옥에 있던 손님들을 모두 죽인 후에 탈출한다

주인공 식스는 우비를 쓰고 있는 작은 소년이다. 소년은 거대한 간수들에게 너무 무력하게 쓰러지고 먹힌다. 하지만 그 난관을 겪어가면서 탈출하는 꿈을 꾸는 모험 게임이다.

하지만 작고 귀여운 외형과는 다른 놀라운 진실과 더불어 반전의 결과 또한 존재한다.

TIP

게임이 직선형으로 진행되는 게임이고 따로 스토리를 깊이 있게 알려주거나 놀라운 액션이 있지는 않기 때문에 가볍게 즐기려는 사람이 아니라면 비추천.

The most important things I learned in life is all from games.
미래의 게임은 우리가 생각한 것보다 더 놀라울 것이다.

- Steve Jobs

(미국의 기업인, 애플의 전 CEO이자 공동 창립자)

게임 용어 리스트

*패키지 게임
게임을 담은 저장매체와 매뉴얼, 암호표 등 하나의 게임을 즐기는 데 필요한 것들을 하나의 패키지에 넣어 판매하는 상품.

*잔버그
프로그램을 실행하는 과정에서 발생하는 오류, 게임에서 발생하는 작은 문제점들을 말함

*텔레포트
어느 장소로 한 번에 이동하는 기술, 닥터 스트레인지 순간이동 같은 느낌

*턴제
서로 한 번 씩 움직이는 플레이, 체스와 바둑의 개념과 같음

*던전
성채 등에 존재하는 지하 감옥을 뜻하는 단어, 판타지 등에선 괴물이 사는 소굴이라는 뜻으로 사용

*NPC
Non-Player Character, 비플레이어 캐릭터, 플레이가 불가능한 가상 캐릭터

*엘든링
다크소울 게임 제작사가 만든 신작 게임

*소울라이크
죽으면 다시 처음부터 해야하는 소울 시리즈 작품의 파생작품이라는 뜻. 근본 명칭은 로그라이크

*도트 게임
점을 찍어누르듯이 만든 게임. 고화질 게임이 탄생할 수 없었던 과거 시절에 애용했던 방식

*캡콤
스트리트 파이터, 데빌 메이 크라이 등 히트작을 대거 만든 일본의 대형 게임 회사

*데메크의 모션
액션 게임에서 등장한 게임들이 일부 데빌 메이 크라이의 모션에서 채용했다는 뜻

*콘솔 액션 게임
전용 디바이스를 TV나 모니터 화면에 연결해 플레이하는 액션 게임

*원버튼 액션
조작을 어려워하는 사람들에게 게임의 즐거움을 주기 위해 버튼 하나만 눌러도 모든 것을 즐길 수 있게 해주는 방식

*고인물화
물가가 흐르지 않으면 고이듯, 게임 또한 새로운 사람이 없이 어렵기만하면 고이는 현상을 뜻함

*이펙트
게임 내의 영역과 동작, 모든 것에 효과를 부여하는 것

*DLC
다운로드 컨텐츠, 게임 본편 이후의 추가 컨텐츠

*알릭스
하프라이프 알릭스라고 하는 하프라이프 시리즈의 최신작

*핵앤 슬래시
스토리 진행의 비중이 낮고 다수의 적들과 싸우는 전투를 뜻함

*RPG적
롤플레잉 게임, 스토리를 따라가며 진행하는 게임을 뜻함

*에픽게임즈
게임 플랫폼 스팀과 비슷한 형식의 게임 플랫폼

*큐라레
김용하 PD의 1세대 미소녀 모바일 게임

*서브컬쳐
비주류 문화, 오타쿠 문화라고하며 대중에게 인정받지는 못한 작품들

*모에 포인트
미소녀 캐릭터들의 귀여운 부분을 뜻함

*멀티엔딩
이야기의 끝이 하나가 아닌 여러 가지가 있다는 뜻

*쯔꾸르
과거에 유행했던 간단한 게임툴 중 하나

*PS VITA
소니 회사에서 만든 PS=플레이스테이션 의 작은 게임기기

*페르소나4 용 기기
PS VITA라는 게임기기가 페르소나4를 돌리기 위한 게임 기기라는 뜻

*락스타 게임즈
미국 뉴욕에 위치한 테이크 투 인터랙티브의 자회사이자 비디오 게임 제작사

*클리셰
관례처럼 굳은 연출

*시간의 오카리나
젤다의 전설 작품 중 하나

*오픈월드
이동의 자유를 전제로 하여 대부분의 장소로 갈 수 있는 것이 특징인 게임

*다중 우주
A라는 세계가 있지만 다른 사건이 진행되는 B라는 세계가 있을 수 있다는 뜻

*GLADOS
게임 "포탈"의 애퍼처 사이언스를 담당하고 있는 슈퍼 Ai

*에스코트 봇
에퍼처 사이언스에 주인공에게 도움을 주는 로봇

*에퍼처 사이언스
포탈 시리즈에 등장하는 가상의 과학 연구소 기업

*퍼즐 플랫포머
문제를 해결해나아가는 발판이 등장하는 게임

*직선형 게임
앞으로만 계속해서 진행하는 게임

*닌텐도 스위치
닌텐도에서 만든 소형 게임기

* ip
게임의 지적재산권 (Intellectual Property)

*골 요소
게임의 목표 요소

*파워문
마리오 오디세이의 주요 수집목표를 뜻함

*샌드박스 스타일
게임의 정해진 모습이 아닌 원하는 대로 플레이 할 수 있는 게임

*크툴루, 코즈믹 호러
작가 러브 크래프트라는 사람이 만든 공포물 세계관 중 하나

Magic
Library

마법서재
사서가 소개하는 게임 스토리 60선

초판 발행일 2023년 7월 20일

지은이 권한결
발행인 김미희
펴낸곳 몽트

편집 강미애
표지 백선욱

등록 2012. 12. 20 제 2014-0000-38호
주소 안산시 상록구 화랑로 513
전화 031-501-2322 팩스 031-501-2321
메일 memento33@menthebooks.com

값 18,000원
ISBN 978-89-6989-089-4 03690